AF558739

Narzissmus in Beziehungen

Die gefährliche Manipulation des Narzissten

Wie Sie sich sofort aus den Zwängen einer toxischen Beziehung befreien und endlich wieder selbstbestimmt und glücklich leben

INHALT

Einleitung – Narzissmus, Charaktereigenschaft oder Persönlichkeitsstörung?

Das Thema Narzissmus ist, seit der Begriff zunehmend in das öffentliche Bewusstsein gerückt wurde, auf immer mehr Interesse gestoßen und hat dadurch in den letzten Jahren einen regelrechten Hype erfahren. Dies hat dazu geführt, dass jeder, der sich auch nur annähernd mit Psychologie beschäftigt – insbesondere diverse Lebensberater und Coaches – einmal seinen Senf dazu geben musste.

Vor allem auf YouTube findet man zahlreiche Videos zum Thema, die dieses jedoch leider meist mehr oder weniger weit verfehlen. Irgendwie scheinen viele Menschen ihre ganz eigenen Definitionen von Narzissmus zu haben und sehen sich dann häufig noch getrieben, diese auch öffentlich von sich zu geben – jedoch ohne das Thema und die Richtigkeit ihrer ureigenen Definition einmal recherchiert und damit auf den Prüfstand gestellt zu haben.

Es kursieren also viele Missinterpretationen von Narzissmus im Internet, die meist von Ratsuchenden ebenfalls nicht weiter hinterfragt werden. Dies führt vor allem zu Missverständnissen, Fehlinterpretationen von menschlichem Verhalten und zu einer falschen Abstempelung von Menschen, die eigentlich keine Narzissten sind.

Doch die größte Gefahr an dieser Flut von Fehlinformationen ist die, dass die wahren und tatsächlich gefährlichen Narzissten oft unerkannt bleiben können. Denn Narzissmus ist keineswegs so leicht zu erkennen und erst recht nicht einfach zu definieren. So sind sich bereits die wenigsten selbsternannten Experten darüber bewusst, dass ein Mensch mit narzisstischen Charakterzügen nicht dasselbe ist wie ein Mensch mit einer narzisstischen Persönlichkeitsstörung. Bei beiden handelt es sich zwar unbestreitbar um ziemlich unangenehme Zeitgenossen, doch trennen diese beiden Welten, wenn es um die Ausprägung bestimmter Merkmale geht und darum, wie verheerend die Auswirkungen ihres Verhaltens sein können.

Und auch die narzisstische Persönlichkeitsstörung ist kein einheitliches Krankheitsbild, sondern kennt unterschiedliche Ausprägungen und Symptomatiken, die sogar gegensätzlich sein können. Narzissmus ist also ein sehr komplexes und zum Teil auch paradoxes Thema und deshalb ist es wichtig, es zunächst in der Tiefe kennen und verstehen zu lernen, bevor man urteilen kann.

Ich hatte in meinem Leben das zweifelhafte „Glück", gleich vier Menschen über einen jeweils langen Zeitraum ausgesetzt zu sein, die in das Muster der narzisstischen Persönlichkeitsstörung passen: Meine Mutter, bei der ich bis zu meinem 16. Lebensjahr gelebt habe, mein älterer Bruder, mein Ex-Partner, mit dem ich 10 Jahre verbracht habe, und eine sehr enge Freundin, zu der ich ebenfalls eine 10-jährige Beziehung pflegte. Darüber hinaus habe ich mich über viele Jahre hinweg intensiv mit psychologischen Erkrankungen und Störungsbildern beschäftigt, aus wohl offensichtlichen Gründen.

Deshalb ist es mir ein wichtiges Anliegen, mit diesem Buch ein wenig Licht in die verwirrende Informationsflut zum Thema zu bringen und dabei meine umfassenden persönlichen Erfahrungen in Kombination mit dem Wissen, das ich mir im Laufe meines Lebens angeeignet habe, zu diesem Zweck zu nutzen.

Auf diese Weise erhoffe ich mir, dass Sie als Leser tatsächlich von diesem Buch profitieren können, indem Sie nicht nur besser verstehen, was Narzissmus ist, sondern vor allem die Dynamiken und Auswirkungen von narzisstischen Beziehungen durchschauen. Denn nur so können Sie, sollten Sie tatsächlich in einer solchen Beziehung stecken, einen

Ausweg finden und damit ihren eigenen Weg der Heilung beginnen. Besonders auf dem Weg der eigenen Heilung möchte ich Sie mit diesem Buch unterstützen.

Im Laufe dieser Lektüre werden wir deshalb zunächst eintauchen in die Frage, was Narzissmus überhaupt ist, wie der Begriff entstand und seinen Weg in die Psychologie fand. Erst danach werden wir auf die Dynamiken eingehen, die innerhalb von Beziehungen mit narzisstischen Persönlichkeiten auftreten, und diese im Einzelnen beleuchten.

Dabei werden wir uns hauptsächlich auf die narzisstische Persönlichkeitsstörung konzentrieren, also auf die wirklich extremen Fälle. In mehr oder weniger abgeschwächter Form kann das, was Sie lesen werden, dann natürlich auch auf Menschen mit narzisstischen Charakterzügen angewandt werden. Jedoch sollten Sie sich bewusst darüber sein, dass von diesen Menschen keine tatsächliche Gefahr ausgeht, sie sind schlimmstenfalls einfach unangenehme Zeitgenossen, mit denen man umgehen kann, wenn man die Hintergründe ihres Verhaltens versteht.

Dies gilt leider nicht für Menschen, bei denen der Narzissmus eine pathologische[1] Ausprägung angenommen hat. Vor dieser Art Mensch müssen Sie sich um jeden Preis schützen, denn ein solcher Mensch richtet oft einen nicht wiedergutzumachenden Schaden an ihrer seelischen, emotionalen und leider oft auch körperlichen Gesundheit an.

---

[1] *pathologisch*: medizinischer Begriff für krankhaft

Wie der Narzissmus Einzug in die Psychologie fand

Der Begriff Narzissmus existiert in dieser Form erst seit dem frühen 20. Jahrhundert und entstand in Anlehnung an die griechische Sage des Narziss. In dieser Sage geht es um einen griechischen Jüngling, der sich durch besondere Schönheit hervortat. Sein Äußeres war so ansprechend und scheinbar bezaubernd, dass sowohl Männer als auch Frauen sich der Reihe nach in ihn verliebten.

Narziss, der sich seiner Schönheit vollkommen bewusst war, lehnte seine zahlreichen Verehrer und Verehrerinnen jedoch stets ab. Niemand schien ihm gut genug und seiner Schönheit wert zu sein. Dies ging so weit, dass sich zahlreiche Verehrer des Narziss aufgrund ihrer verschmähten Liebe das Leben nahmen, doch Narziss blieb unerbittlich.

Einer von Narziss verschmähten Verehrern war jedoch so erzürnt, dass er die Götter um Rache an Narziss anflehte und seine Bitte wurde erhört. Die Götter verfluchten Narziss, er sollte das Schicksal der vielen Menschen, die er abgewiesen hatte, teilen. So blickte Narziss eines Tages in einen See, entdeckte darin sein Spiegelbild und verliebte sich sofort.

Durch den Fluch der Götter war er unfähig, zu erkennen, dass es sich lediglich um sein Spiegelbild handelte, und so versuchte er, seiner Liebe näher zu kommen. Er beugte sich immer weiter hinunter zur Wasseroberfläche, bis er schließlich hineinfiel und ertrank. Zurück blieb lediglich eine Blume, eine Narzisse, die als letzte Gnadengabe der Götter dafür sorgen sollte, dass er nicht in Vergessenheit gerät.

Narziss starb also an einer unerfüllbaren Selbstliebe und wurde somit zum Namensgeber eines Charakterzuges und auch einer psychologischen Störung. Doch war es wirklich die Liebe zu sich selbst, an der er verstarb, oder nicht vielmehr seine durch die Götter auferlegte Unfähigkeit zur Selbsterkenntnis? Genau dies ist der Punkt, an dem das größte Missverständnis in Bezug auf das Thema Narzissmus entsteht: Menschen mit einer narzisstischen Störung leiden nicht an übertriebener Selbstliebe, sondern im Grunde genau am Gegenteil: Sie leiden an einem Mangel an Selbsterkenntnis, sodass sie nicht in der Lage sind, ihr Verhalten und ihre Gedanken zu hinterfragen oder zu erkennen, was sie in ihrem Umfeld anrichten.

In der Psychologie fand der Narzissmus erst 1925 das erste Mal wirkliche Beachtung, als der Psychoanalytiker Robert Waelder einen bestimmten Charaktertypus beschrieb und diesem einen Namen gab.

Der weit bekanntere Psychoanalytiker Sigmund Freud, der als Begründer der modernen Psychoanalyse gilt, griff diese Charakterbeschreibung dann 1931 erneut auf und führte die Definition etwas weiter aus, indem er beschrieb, wie dieser Charaktertyp mit starker Aggression auf Kränkungen, Beleidigungen und mangelnde Beachtung reagiert. Doch auch Freud beschrieb hier einen Charaktertypus und noch keine pathologische Störung der Persönlichkeit eines Menschen.

Noch etwas weiter ausgebaut wurde diese These dann zwei Jahre später, 1933, von dem Psychoanalytiker Willhelm Reich. Dieser hatte narzisstische Charakterzüge bei einer ganzen Reihe von Männern beobachtet und erweiterte die „Symptomatik“ noch um einige weitere, auffällige Verhaltensweisen. Erst 1939 wurde der narzisstische Charaktertypus von der deutsch-amerikanischen Psychoanalytikerin Karen Horney erneut aufgegriffen, in drei verschiedene Subtypen unterteilt und genauestens beschrieben. Karen Horney war in der Lage, die Unterschiede zwischen einem gesunden und ausgeprägten Selbstbewusstsein und dem Narzissmus exakt herauszuarbeiten.

Sie erkannte im Gegensatz zu Freud, dass Narzissten generell unfähig sind, zu lieben, nicht nur andere Menschen, sondern vor allem sich selbst. So erarbeitete sie als erste eine These zu den Ursachen dieser Störung, welche die übersteigerte Selbstliebe und -bewunderung als Schutzmechanismus deklarierte. Auch der englische Psychoanalytiker Donald Winnicott, der sich in der Psychoanalyse einen Namen machte mit seinen Theorien zur Entwicklung der kindlichen Psyche, teilte diese Ansicht, griff Horneys These 1965 noch einmal auf und lieferte der Fachwelt seinerseits eine detaillierte Beschreibung der narzisstischen Persönlichkeit.

Doch der erste Psychoanalytiker, der den Narzissmus nicht nur als Charakterzug, sondern tatsächlich als pathologische Störung einstufte, war der Amerikaner John C. Nemiah im Jahr 1961. Er beschrieb den Narzissmus als „narzisstische Charakterstörung" und der deutsch-amerikanische Psychoanalytiker, Philosoph und Soziologe Erich Fromm teilte diese Ansicht. Von ihm kam 1964 der Vorschlag, diese Störung in Form eines Konzeptes, das er als bösartigen Narzissmus bezeichnete, in die Diagnostik psychischer Erkrankungen aufzunehmen. Doch auch, wenn in der Literatur häufig Bezug auf diese These genommen wurde, setzte sich das Konzept nicht durch.

Betrachtet man nun die Geschichte, wie dieses Störungsbild Einzug in die Psychoanalyse fand, fällt vor allem eines auf: Die absolute Unentschlossenheit innerhalb der Fachwelt, ob es sich nun lediglich um einen Charakterzug oder tatsächlich um eine Erkrankung bzw. Störung der Psyche handelt.

Dies ist vor allem darauf zurückzuführen, dass ebenfalls große Uneinigkeit über die Ursachen des Narzissmus herrscht, mit denen wir uns später auch noch befassen werden. Erst im Jahre 1980 wurde der Narzissmus international von der psychologischen Fachwelt als Störung anerkannt und fand seinen Einzug in das *DSM-III*. Dabei handelt es sich um die Katalogisierung psychischer Erkrankungen und deren Symptomatik zur Vereinheitlichung der Diagnostik, herausgegeben von der *American*

Psychatric Association. Das DSM ist in den USA somit die normierte Grundlage für die Diagnose psychischer Erkrankungen, vergleichbar mit dem ICD, dem deutschen Katalog zur Diagnostik.

Bis heute wird der Narzissmus in Deutschland jedoch kaum im ICD beschrieben, er taucht dort nur unter „sonstige Störungen" auf, ohne weitere Beschreibung der Symptomatik, und es wird herausgestellt, dass die allgemeinen Kriterien für eine Persönlichkeitsstörung vorliegen müssen. Damit fällt Deutschland, wie so oft in der Psychologie, in den Möglichkeiten der Diagnostik wieder einmal weit zurück hinter Ländern wie den USA.

Dies führt dazu, dass eine gewisse Grauzone entsteht, deutsche Psychologen haben zwar die Möglichkeit, eine narzisstische Persönlichkeitsstörung zu diagnostizieren, lehnen sich damit jedoch ein Stück weit aus dem Fenster. Somit fallen hierzulande noch weit mehr Betroffene durch das Raster und gleichzeitig entsteht Raum für all jene Menschen, die sich privat mit Psychologie beschäftigen und diese „Diagnose" einfach anderen Menschen unterstellen können.

Die Gefahr der Verleumdung von Menschen, die entweder lediglich über narzisstische Charakterzüge verfügen oder möglicherweise von einem gänzlich anderen Störungsbild betroffen sind, ist dementsprechend hoch. Eine ausführliche und vor allem einheitliche Beschreibung dieser Störung im ICD wäre also nicht nur wünschenswert, sondern auch sehr hilfreich für Betroffene und deren Angehörige.

Die narzisstische Persönlichkeitsstörung mag so alt sein wie die Menschheit selbst, doch in den Fokus der Aufmerksamkeit geriet sie erst vor relativ kurzer Zeit. Somit bleibt eine Menge Spielraum für Eigeninterpretationen, der in den meisten Fällen eher ungünstige Auswirkungen auf den Umgang mit dieser Erkrankung hat. Menschen, die an einer narzisstischen Persönlichkeitsstörung leiden, verfügen über einen ausgeprägten Mangel an Selbsterkenntnis.

Deshalb suchen sie ohnehin nur in den seltensten Fällen einen Psychologen auf und wenn sie dies tun, dann nicht wegen der Störung selbst, sondern vielmehr wegen der Begleiterscheinungen. Hinzu kommt die Tatsache, dass deutsche Psychologen kaum geschult sind für den Umgang mit diesem Störungsbild oder seine Diagnose, wodurch die meisten Narzissten in der psychologischen Praxis unerkannt bleiben. Dies wiederum hat tiefgreifende Auswirkungen für die Menschen, die unter ihnen leiden.

Die narzisstische Persönlichkeitsstörung wird in Deutschland als extrem selten eingestuft, Statistiken zufolge liegt die Häufigkeit gerade einmal zwischen 0,4 und 5,7 %. Experten gehen jedoch davon aus, dass die Dunkelziffer beträchtlich höher ausfallen dürfte.

Narzissmus erkennen und verstehen

Wenn Sie selbst in einer Beziehung zu einem Narzissten stehen, sei es nun eine partnerschaftliche, familiäre, freundschaftliche oder berufliche Verbindung, ist ein wirklich tiefgehendes Verständnis über die Gedanken- und Gefühlswelt sowie über die Motive des Narzissten das A und O, um in dieser Verbindung nicht unterzugehen.

Pathologischer Narzissmus ist eine der schädlichsten Persönlichkeitsstörungen überhaupt. Menschen, die einem krankhaften Narzissten über einen längeren Zeitraum ausgeliefert sind, leiden immens und ihre seelische Gesundheit nimmt großen, nahezu irreparablen Schaden.

Wer in einer solchen Beziehung steckt, hat kaum die Chance, sich ohne Hilfe zu befreien. Doch damit dies überhaupt möglich wird, muss man erst einmal in der Lage sein, diese Tatsache zu erkennen.

Vom Erkennen bis zum Ausstieg ist es leider dennoch ein einziger Spießrutenlauf, den man umso mehr verstehen kann, je besser man den Narzissten versteht. Aus diesem Grund beschäftigen wir uns in diesem Kapitel ausführlich damit, was Narzissmus tatsächlich ist und wie narzisstische Menschen funktionieren. Auch die Unterscheidung zwischen narzisstischen Persönlichkeitsstrukturen und tatsächlich pathologischen Narzissten werden wir eingehend besprechen.

Im Anschluss an dieses Kapitel werden Sie nicht nur in der Lage sein, zu erkennen, ob jemand tatsächlich als krankhafter Narzisst eingestuft werden kann und wie viel Gefahr von dieser Person ausgeht, Sie werden auch die inneren Dynamiken, die den Narzissten antreiben, im Detail verstehen. Erst danach wenden wir uns dem eigentlichen Thema der

Beziehungen mit Narzissten zu, da Sie dieses Basiswissen dafür benötigen werden.

DIE VERSCHIEDENEN AUSPRÄGUNGEN DER NARZISSTISCHEN PERSÖNLICHKEITSSTÖRUNG

Die narzisstische Persönlichkeitsstörung wird in drei verschiedene Subtypen eingeteilt, das bedeutet, es gibt drei Formen von Narzissten, bei denen die Symptomatik unterschiedlich ausfällt. Diese Unterschiede betreffen jedoch weniger die eigentlichen Symptome – die bei allen Formen des Narzissmus in gleichem Maße vorhanden sind – als vielmehr die Art, wie der Narzissmus ausgelebt wird.

Weitere wichtige Faktoren für die Ausprägung eines bestimmten Subtyps sind die gesellschaftliche Schicht, in die der Narzisst geboren wird, und seine allgemeinen Lebensumstände. Bevor wir uns mit der Symptomatik im Detail beschäftigen werden, möchte ich zunächst die drei Subtypen des Narzissmus vorstellen. Dabei möchte ich jedoch darauf hinweisen, dass diese strikte Einteilung lediglich im Rahmen der psychologischen Diagnostik getroffen wird. Im Grunde handelt es sich lediglich um zwei Subtypen, den Grund hierfür werde ich nach der folgenden Beschreibung näher erläutern.

Der hoch funktionale, exhibitionistische Typus

Wie der Name dieses Typus bereits verrät, handelt es sich hier um Menschen, die extrem gut in der Gesellschaft funktionieren. Sie sind überaus erfolgreich, meist in leitenden Positionen anzutreffen und haben es geschafft, sich ein Leben aufzubauen, das ihrem übersteigerten Selbstwertgefühl scheinbar Recht gibt. Durch die Tatsache, dass sie so erfolgreich sind, wagen Menschen in ihrem Umfeld oft gar keine Kritik und spielen die typischen, narzisstischen Verhaltensweisen herunter, mit der Begründung, der Erfolg gäbe diesen Menschen Recht.

Hinzu kommt, dass hochfunktionale Narzissten besonders bindungsunfähig sind, sie lehnen intime Beziehungen (Freundschaften und Partnerschaften) nicht nur ab, sie empfinden auch keinerlei Bedürfnis danach. Alles wonach sich dieser Typus sehnt, ist so viel Bewunderung wie möglich. Dies ist für ihn in oberflächlichen Bindungen, die geprägt sind von seiner Autorität und Dominanz, sehr viel einfacher zu erreichen.

Es besteht so gut wie kein Leidensdruck bei diesem Typ Narzisst, da er es meisterhaft versteht, sich sein Leben so einzurichten, dass er mit seinem Verhalten immer durchkommt. Sollte dieser Subtypus dennoch eine Partnerschaft eingehen, dann lediglich aus Statusgründen und er wird sich seinen Partner entsprechend aussuchen: einen unterwürfigen Typ Mensch, der seine Autorität entsprechend anerkennt und der Befriedigung seiner Bedürfnisse somit nicht im Wege steht.

Lediglich in den wenigen Fällen, in denen dieser Partner dann doch einmal den Ausweg aus der Beziehung schafft, kann es geschehen, dass das stabile Weltbild des hochfunktionalen Narzissten einmal ins Wanken gerät und dieser sich in psychologische Behandlung begibt. Die wahren Hintergründe für seine Problematik bleiben dabei jedoch meist unerkannt und besonders dieser Subtypus gilt als so gut wie nicht behandelbar.

Exhibitionistisch bedeutet in diesem Zusammenhang übrigens nicht, dass dieser Typ gewissen Neigungen frönt, sich nackt in der Öffentlichkeit zu präsentieren, sondern es beschreibt vielmehr sein übersteigertes Streben nach Anerkennung. Er tanzt auf allen Festen und lässt sich keine Gelegenheit entgehen, vor seinem Umfeld zu glänzen.

Relativ offensichtlich ist, dass Sie diesen Subtypus nur in den höheren Gesellschaftsschichten antreffen werden, es handelt es sich dabei meist um Manager, Geschäftsführer, hin und wieder auch um Anführer von Sekten, besonders erfolgreiche Sportler etc. Kein Mensch also, den man beim Einkauf im Supermarkt kennenlernt oder bei ganz normalen, alltäglichen Anlässen, weshalb man diesen Typus auch als Ausnahmetypus bezeichnen könnte. Hier wird am deutlichsten klar, wie die Gesellschaftsschicht, in der sich ein Mensch bewegt, den Subtypus des Narzissmus prägt.

Der grandios maligne[2], offene Typus

Der grandiose Narzisst ist der am häufigsten anzutreffende Subtypus von Narzissten, er findet sich in sämtlichen Gesellschaftsschichten wieder, die nicht zur oberen Klasse gehören. Im Gegensatz zum hoch funktionalen Narzissten ist dieser Typ relativ auffällig und damit leicht zu erkennen, denn es gibt in der Regel nichts, das seine übersteigerten Ansprüche und Selbstansichten in irgendeiner Form rechtfertigen könnte.

Dieser Typus neigt jedoch genauso wie der hoch funktionale dazu, sich bei jeder Gelegenheit zur Schau zu stellen, allerdings definiert er Erfolg und Bewunderungswürdigkeit dabei entsprechend der sozialen Schicht, in der er sich bewegt.

Ein solcher Narzisst, der zum Beispiel in der Drogenszene aktiv ist, wird bei jeder Gelegenheit beweisen, wie viel er verträgt, wie sehr er sich unter Drogeneinfluss daneben benehmen und wie furchteinflößend er wirken kann, da dies die Eigenschaften sind, die in der entsprechenden Szene als besonders „verehrungswürdig" gelten.

Ein Narzisst dieses Subtypus, der sich eher in „normalen" gesellschaftlichen Kreisen bewegt, wird seine Grandiosität ebenfalls auf sehr dysfunktionale Weise zur Schau stellen, allerdings immer angepasst an die Normen seines sozialen Umfeldes. So wird ein typischer Kneipengänger sich besonders gern und häufig bei Wetttrinken und Kneipenprügeleien hervortun, ein Autofan durch einen besonders aggressiven Fahrstil

[2] maligne: medizinischer Begriff für bösartig

etc. Es geht dem Narzissten schließlich darum, in den Kreisen, in denen er sich bewegt, möglichst viel Anerkennung zu ernten. Ob die entsprechenden Verhaltensweisen dabei tatsächlich Anerkennung verdienen, ist vollkommen unerheblich. Dadurch wird er zu einem meist vollkommen unerträglichen Zeitgenossen, er wirkt arrogant, selbstverliebt, aggressiv und extrem extrovertiert.

Soziale Situationen, die Empathie oder Teamwork erfordern, lassen ihn grundsätzlich scheitern, weshalb er diesen möglichst aus dem Wege geht. Auch dieser Narzisst sucht sich die Menschen, zu denen er Umgang pflegt, sehr genau aus. Dies tut er, um nicht in Verlegenheit zu geraten, dass seine Ansichten über sich selbst und die Welt auf die Probe gestellt werden könnten.

Dieser Typus hat somit meist nur sehr wenige Freundschaften, die man bei näherer Beleuchtung kaum als solche bezeichnen kann, denn er sucht sich grundsätzlich schwächere Menschen, die ihm nichts entgegenzusetzen haben, seine Autorität jederzeit anerkennen und ihm möglichst Bewunderung schenken.

Dies gilt in besonderem Maße für seine Partner in Liebesbeziehungen, die grundsätzlich nur nach einem Kriterium ausgewählt werden: Ein möglichst geringes Selbstwertgefühl gepaart mit absoluter Unterwürfigkeit. Nur in dieser Gesellschaft fühlt sich der Narzisst sicher genug, überhaupt eine Liebesbeziehung einzugehen. Diese dient jedoch dann nicht der Pflege von Intimität, Nähe und Liebe, sondern ausschließlich der Befriedigung seiner eigenen Bedürfnisse. Der Partner hat keinerlei Wert für den Narzissten dieses Subtyps und ist jederzeit austauschbar.

Der vulnerable[3], verdeckte Typus

Dieser Subtypus ist von allen am schwierigsten zu erkennen, denn er lebt seinen Geltungsdrang im Stillen aus. Da sein Wesen zutiefst geprägt ist von starken Ängsten, denen er nichts entgegenzusetzen hat, lebt er sehr zurückgezogen und vermeidet soziale Kontakte so gut es geht. Er will um jeden Preis vermeiden, verletzt zu werden, und stellt eine deutliche Opferhaltung zur Schau.

In seiner Welt ist er ebenso großartig und bewundernswert wie die beiden anderen Subtypen, jedoch sieht er sich als Opfer der Umstände, des Lebens, der Gesellschaft und/oder bestimmter Personen, die seinen Wert einfach nicht anerkennen können. Sein Bedürfnis nach Bewunderung lebt er deshalb hauptsächlich in seiner Fantasie aus, er träumt davon, eines Tages reich, berühmt und mächtig zu sein sowie von allen geliebt und bewundert zu werden.

Je nachdem, über welche Fähigkeiten dieser Mensch verfügt, werden seine hochtrabenden Tagträume sich in diesem Umfeld bewegen. So wird ein Narzisst dieses Typs, der zum Beispiel musikalische Ambitionen hat, sich selbst immer als den besten Musiker aller Zeiten sehen, dessen Erfolg vorprogrammiert und lediglich eine Frage der Zeit ist.

So zurückgezogen dieser Typus auch lebt, auch er verfügt über soziale Kontakte, die er nur genauso sorgfältig auswählt, wie die anderen Typen auch. Der Kreis ist lediglich etwas kleiner und Situationen mit hohem sozialen Druck werden weitgehend gemieden.

Dazu gehören vor allem Anlässe, bei denen viele Menschen zusammentreffen, aber auch und besonders das Arbeitsleben. Dieser Typus hat enorme Schwierigkeiten, sich dem modernen Arbeitsleben, in dem Teamwork immer mehr an Bedeutung gewinnt, erfolgreich zu stellen. Dies führt häufig zu einem vollständigen Rückzug aus der Arbeitswelt,

[3] vulnerabel: verletzlich

entweder, indem andere Erkrankungen vorgeschoben, oder indem Ausreden erfunden werden, warum er keine Arbeit findet.

Das vollständige Versagen auf diesem Gebiet wird jedoch nicht durch übersteigerte Aggressivität kompensiert, wie es bei den anderen Subtypen der Fall wäre, sondern stattdessen in seine „Opfergeschichte" eingewoben. Dadurch wird aus dem Versagen ein Gewinn für den vulnerablen Narzissten, denn es bestätigt ihn in seiner Opferhaltung und bringt ihm somit Aufmerksamkeit und Mitgefühl – die auch nur eine andere Form der Anerkennung sind – aus seinem Umfeld ein.

Die Menschen in seiner direkten Umgebung leiden anders als die in der Umgebung von Narzissten der anderen Subtypen. Sie werden nicht durch Aggression klein gehalten, sondern vielmehr durch ein andauernd erzeugtes schlechtes Gewissen. Ihnen wird immer die Mitschuld an der Misere des Narzissten gegeben, jedoch kommuniziert dieser das selten auf direkte Art.

Auch dieser Typus manipuliert sehr geschickt und ist ein Meister darin, seinen Mitmenschen Gedanken und Gefühle „einzupflanzen", ohne dass diese es bemerken. So fühlen sie sich ständig schlecht, besonders in Gegenwart des Narzissten, ohne eigentlich genau sagen zu können, warum. Persönliche Erfolge können nicht mehr genossen werden, da ihnen dies das Gefühl geben würde, dem Narzissten gegenüber rücksichtlos und unfair zu sein.

WARUM ES IM GRUNDE NUR ZWEI SUBTYPEN GIBT

Wie Sie bei den verschiedenen Subtypen des Narzissmus erkennen konnten, sind die letzten beiden, der grandios maligne und der vulnerable Typus, scheinbar vollkommen gegensätzlich in ihrer Ausprägung.

Es mag ein wenig paradox erscheinen, wie ein und dasselbe Störungsbild zwei so unterschiedliche Typen hervorbringen kann, doch ist es eigentlich noch viel paradoxer, denn keiner der beiden Typen kommt für sich allein vor. Stattdessen pendelt der „klassische Narzisst" ständig zwischen diesen beiden Extremen hin und her.

Solch ein Wechsel findet meist dann statt, wenn der Narzisst mit Situationen konfrontiert wird, die ihn auf eine Art und Weise aus dem Gleichgewicht bringen, die er mit seinen normalen Kompensationsmechanismen[4] nicht mehr bewältigen kann.

Dies kann auf verschiedene Art geschehen, zum Beispiel kann der grandiose Narzisst bei einem seiner aggressiven Ausbrüche an einen Gegner geraten, der stärker oder klüger ist als er und gegen den er nur verlieren kann. Dies wird dann als so demütigend und unverarbeitbar empfunden, dass der Narzisst automatisch in die Opferhaltung switcht, denn nur so kann er seine vermeintliche Überlegenheit weiter aufrechterhalten. Der andere war dann unfair oder hat ihn betrogen und in einer fairen Auseinandersetzung hätte der Narzisst selbstverständlich den Sieg davongetragen.

Narzissten können ein bestimmtes Gefühl überhaupt nicht ertragen und tun alles, um diesem auszuweichen: Ohnmacht. Wenn die Umstände aber dafür sorgen, dass dieses Gefühl in einem überstarken Maß oder über einen zu langen Zeitraum hervorgerufen wird und die üblichen, aggressiven Kompensationsstrategien nicht mehr wirken, wird der Switch in den vulnerablen Typ, also in die Opferhaltung, zum nächstbesten Kompensationsmechanismus.

Erst, wenn der Narzisst sich wieder sicher fühlt – und wie lange dies dauern kann, ist stark von den Umständen abhängig –, wird er in die aggressive Form zurück switchen. Somit kann es Narzissten geben, die

[4] Kompensationsmechanismen: Bewältigungsstrategien

überwiegend in der vulnerablen Rolle verweilen und ihre aggressive, grandiose Seite kaum einmal zeigen, genauso wie solche, die man nur äußerst selten in der vulnerablen Form antrifft. Auch Typen, die sehr häufig zwischen beiden Extremen hin und her pendeln, kommen vor und wirken oft, als litten Sie an einer multiplen Persönlichkeitsstörung[5].

Der Switch in die vulnerable Form, der immer dann geschieht, wenn es irgendwie bedrohlich für den Narzissten wird, macht es zudem umso schwieriger, mit diesen Menschen auf eine gesunde Art und Weise umzugehen.

Wer einmal in den Beziehungskreis eines solchen Menschen geraten ist, wird es als beinahe unmöglich empfinden, diesen wieder zu verlassen. Denn sobald ein Versuch in diese Richtung gestartet wird, switcht der Narzisst in die vulnerable Form und schreckt vor nichts zurück, um die betroffene Person in seinem Leben und unter seiner Kontrolle zu behalten. Ein besonders beliebtes Mittel der Wahl ist hier die Androhung von Selbstmord, die sehr ernst wirkt, jedoch niemals tatsächlich ernst gemeint ist. Es ist lediglich ein Mittel der Manipulation.

Der Narzisst bewegt sich in einem endlosen Kreislauf der versuchten Regulation seines Selbstwertgefühls. Wenn das grandiose Selbst aktiv ist und der Narzisst negative Erfahrungen macht, die sein Selbstbild ins Wanken bringen, wird das vulnerable Selbst aktiviert. Dieses weckt im Narzissten Gefühle von Einsamkeit, Scham, Ohnmacht und Sinnlosigkeit und als Antwort darauf reagiert der Narzisst ab einem bestimmten Punkt mit starker Abwehr durch Wut, Aggression und Dominanzverhalten, was wiederum das grandiose Selbst reaktiviert.

Somit wird deutlich, dass es in Wahrheit nur zwei Subtypen des Narzissmus gibt, von denen der erste, der hoch funktionale Typus, eher eine

---

[5] Multiple Persönlichkeitsstörung: Es handelt sich hier um eine Störung, bei der Patienten über verschiedene, sogenannte „Alter-Egos“ verfügen, zwischen denen Sie hin und her wechseln

Besonderheit ist. Denn auch dieser Typus würde auf die gleichen Bewältigungsstrategien zurückgreifen und in die vulnerable Form switchen, wenn dazu jemals die Notwendigkeit bestünde. Doch aufgrund des hohen Maßes an Erfolg, den dieser Typus vorzuweisen hat, gerät er selten bis nie in Situationen, die dies erforderlich machen würden. Damit Sie noch umfangreicher und tiefgehender verstehen können, wie Narzissten funktionieren, schauen wir uns im nächsten Schritt die einzelnen Symptome der narzisstischen Persönlichkeitsstörung an.

DIE INNERE WELT EINES NARZISSTEN

Narzissmus ist eine tiefgreifende Störung der Psyche, die in verschiedenen, teils paradox wirkenden Ausprägungen auftritt. Auch wird diese Persönlichkeitsstörung häufig noch zusätzlich von anderen Störungen begleitet. Diese weiteren Störungen können in ihrer Symptomatik dann so ausgeprägt sein, dass sie den zugrunde liegenden Narzissmus scheinbar überdecken und dieser über einen langen Zeitraum oder sogar dauerhaft unbemerkt bleibt.

Eine weitere Schwierigkeit, die beim Erkennen von Narzissten auftritt, liegt darin begründet, dass die Symptome in der Fachliteratur nur sehr oberflächlich beschrieben werden. So wird zum Beispiel manipulatives Verhalten sehr häufig genannt. Jedoch wird nirgendwo ausführlich beschrieben, wie subtil diese Manipulationen von Narzissten ausfallen und auf welche Art manipuliert wird. Beispiele werden kaum bis gar nicht beschrieben und die Opfer, die versuchen, zu verstehen, was mit ihnen geschieht, sind viel zu verstrickt in die manipulativen Taktiken, um diese noch klar erkennen zu können.

Pathologischer Narzissmus wird in der einschlägigen Fachliteratur mit einer Vielzahl von Symptomen beschrieben. Was in der psychologischen Fachliteratur jedoch häufig zu kurz kommt, ist eine tiefergehende

Betrachtung, die ein umfassendes Verständnis der Störung ermöglicht. Im Grunde gibt es nämlich lediglich zwei Hauptsymptome von Narzissmus: *Eine Überbewertung der eigenen Bedeutung und Wichtigkeit sowie mangelndes bis nicht vorhandenes Selbstwertgefühl.*

Damit sind wir wieder bei den zwei Subtypen angelangt, dem grandiosen und dem vulnerablen Narzissten. Ein reines Auflisten der weiteren Symptome, die durch das Hin-und-Her-Pendeln zwischen diesen Extremen hervorgerufen werden, erschwert meiner Meinung nach das tatsächliche Verständnis der Dynamiken dieser Störung. Aus diesem Grund möchte ich an dieser Stelle nicht mit einer einfachen Symptomliste daherkommen und stattdessen lieber detailliert die Dynamiken beschreiben und erklären.

Überbewertung der eigenen Bedeutung und Wichtigkeit – der grandiose Narzisst

Der grandiose Narzisst hält sich selbst für besser und wichtiger als alle anderen, ein Bezweifeln dieser Selbsteinschätzung durch andere Menschen wird nicht toleriert und kann entweder zu unkontrollierbaren Wutausbrüchen führen oder dazu, dass der Narzisst den Zweifler nicht mehr ernst nimmt und sich abwendet.

Diese Überbewertung des eigenen Selbst scheint auf einer tief gefühlten Überzeugung zu wurzeln, so wurde ich zum Beispiel immer wieder mit Aussagen von Narzissten konfrontiert, dass sie die einzigen seien, die „Bescheid wüssten", die einzigen, die „richtig" seien oder die einzigen, die das Leben verstünden.

Der Narzisst fühlt sich vollkommen über andere erhaben, ohne jeden Zweifel. Hinterfragt man diese Einstellung mit einem einfachen, „Ist das dein Ernst?", oder, „Bist du dir da wirklich sicher?", erntet man reine Verständnislosigkeit, im günstigsten Fall. Der Narzisst ist dabei nicht in der Lage, hinter seine eigene Fassade zu blicken, denn das andere Hauptsymptom, das wir besprechen werden, widerspricht dieser

Selbsteinschätzung völlig und macht klar, dass solche Überzeugungen ein reiner Schutzmechanismus sind.

Dieser Schutzmechanismus bewahrt den Narzissten davor, sich damit konfrontieren zu müssen, wie er sich wirklich fühlt: klein, unbedeutend und vollkommen wertlos.

Aus diesem Grund hat der grandiose Narzisst eine Vielzahl von Verhaltensweisen im Gepäck, die ihm helfen, sich seinen wahren Gefühlen nicht stellen zu müssen. Man kann sagen, dass sein gesamtes Verhalten darauf ausgerichtet ist, nicht nur andere, sondern vielmehr sich selbst von seiner eigenen Besonderheit und Wichtigkeit zu überzeugen.

So zeigt er sich in der Öffentlichkeit vorrangig in Gesellschaft von Menschen, die seiner Meinung nach einen hohen Status haben bzw. viel Anerkennung genießen. In der Partnerwahl bevorzugt der Narzisst Menschen, die geeignet sind, sein eigenes Ansehen zu erhöhen. Gutes Aussehen und/oder ein hoher Status sind ihm bei der Partnerwahl also genauso wichtig wie Unterwürfigkeit und nicht vorhandenes Selbstwertgefühl.

Auch durch übertrieben hohe Ansprüche stellt der Narzisst seinen Status immer wieder zur Schau. Er verlangt nach gesonderter Behandlung, will zum Beispiel nur vom Chefarzt behandelt werden und reagiert äußert ungehalten darauf, wenn man ihn warten lässt. Er will immer und überall als Erster bedient werden und verlangt eine bevorzugte Behandlung. Dabei geht er äußerst arrogant und herablassend vor und gibt anderen Menschen so automatisch das Gefühl, weniger wert zu sein.

Auf diese Weise erhält er meist genau das, was er einfordert, und fühlt sich bestätigt. Dass dies jedoch nur seiner bösartigen, manipulativen und aggressiven Art geschuldet ist und nicht seinem tatsächlich höheren Status, ist er nicht in der Lage, einzusehen. Generell ist er nicht im Geringsten fähig, Kritik anzunehmen oder über seine eigenen

Verhaltensweisen und über mögliche Fehler zu reflektieren. Es gibt für den grandiosen Narzissten nur drei Möglichkeiten, auf Kritik zu reagieren:

Manipulativer, äußerst verletzender Spott als Abwehr der Kritik

Der Narzisst kennt die Schwächen seiner Mitmenschen bis ins Detail, da er sie heimlich studiert. So kann er in Situationen, in denen Kritik an ihm ausgeübt wird, den Spieß relativ einfach herumdrehen und dem Kritiker selbst den schwarzen Peter zuschieben oder diesen zumindest von seiner Kritik ablenken und mundtot machen.

Dabei werden Grenzen oft so bösartig überschritten, dass die Taktik nicht nur erfolgreich wirkt, sondern der Kritiker es auch nie wieder wagt, eine weitere Kritik zu äußern. Als Beispiel möchte ich hier eine Situation mit meiner ehemaligen, engen Freundin anführen, die an einer narzisstischen Persönlichkeitsstörung leidet.

Diese Situation hat sich sehr häufig wiederholt und folgte immer dem gleichen Schema: Ich kritisierte eines ihrer äußert egoistischen Verhaltensmuster und zeigte ihr auf, was sie anderen Menschen damit antut. Ihre Reaktion darauf war immer die Gleiche: „Du bist es doch, die mich dazu treibt, ich kann mich anders gar nicht gegen dich zur Wehr setzen! Du bist genau wie deine Mutter!".

Zur Verdeutlichung muss ich erklären, dass meine Mutter ja ebenfalls unter einer narzisstischen Persönlichkeitsstörung litt und ich meine gesamte Kindheit und Jugend hindurch extrem unter ihr gelitten habe. Da sich bestimmte Verhaltensmuster der Eltern auch bei ihren Kindern einprägen, war es immer meine größte Angst, so wie meine Mutter zu werden. Meine Freundin wusste das und nutzte dieses Wissen gezielt.

Eine andere Möglichkeit, „gewaltlos" auf Kritik zu reagieren, hat besagte Freundin ebenfalls häufig demonstriert. Sie wurde einfach eiskalt und nutzte geschickt ihr Wissen über die Person, von der sie sich angegriffen fühlte, um diese aufs tiefste zu verletzen. Anschließend wurde die Person von ihr durch Kontaktentzug bestraft, so lange, bis das vermeintliche Unrecht, was ihr angetan wurde, durch die betreffende Person ausreichend wieder gutgemacht wurde.

Gewalttätige Wutausbrüche, um den Kritiker zum Schweigen zu bringen und sein Unrecht zu „beweisen"

Wird der Narzisst angegriffen – Kritik wird immer als direkter Angriff auf seine Persönlichkeit empfunden! –, projiziert er das, was er dadurch fühlt, auf andere und lässt seine Wut auf diese Gefühle an dem Kritiker aus.

Dabei geht es ihm vor allem darum, sein Gegenüber zu verletzen und so zum Schweigen zu bringen. Mein Ex-Partner hatte zum Beispiel die Eigenschaft, dass er jedes Mal, wenn eine andere Person etwas, das er sagte, anzweifelte oder sogar darüber lachte, auf die gleiche Art reagierte: Er explodierte förmlich, fing an, zu brüllen, dass alle ihn für einen dummen Idioten halten, und griff die Person körperlich an, begleitet von den Worten, „Ich werde dir schon zeigen, was für ein dummer Idiot ich bin, das wird dir noch leidtun!".

Diese Ausbrüche konnten jederzeit durch vollkommen unvorhersehbare Kleinigkeiten ausgelöst werden, ein falsches Wort genügte meist als Auslöser. Seine Reaktionen schienen nicht nur unberechenbar, sondern vor allem nicht nachvollziehbar.

Bei der engen Freundin, die ich bereits erwähnte, trat dieses Verhalten ebenfalls auf, wenn auch in etwas anderer Form. Narzissten, egal, ob männlich oder weiblich, fühlen sich im tiefsten Innern vollkommen leer und bedeutungslos. Sie fühlen keinerlei Liebe und sind dazu auch nicht fähig, weder können sie sich selbst lieben noch andere. Dadurch fühlen sie sich dem Leben gegenüber vollkommen ohnmächtig ausgeliefert. Ohnmacht ist jedoch eines der Gefühle, mit dem es fast unmöglich ist, konstruktiv umzugehen, weshalb der Narzisst gar keine andere Wahl hat, als diese hinter einem komplett gegensätzlichen Bild seiner Selbst und der Welt zu verstecken.

Der Switch in den vulnerablen Typus als letzte Abwehrmaßnahme, wenn keine der beiden zuerst genannten Strategien funktioniert

Wird der grandiose Narzisst mit einer Situation konfrontiert, in der es ihm unmöglich ist, mit einer der beiden erstgenannten Strategien auf Kritik oder Ablehnung zu reagieren, bleibt nur noch der Rückzug in die Opferhaltung. Dies kann nur dann geschehen, wenn er mit einem Menschen konfrontiert wird, der über tatsächliches Selbstwertgefühl verfügt und außerdem in der Lage ist, die manipulativen Methoden des Narzissten zu durchschauen und sich nicht darauf einzulassen.

Der Narzisst zieht sich dann von allen zurück, reagiert häufig sogar mit akuten Krankheitssymptomen – ein Beweis für die Macht der Psyche – und ergeht sich darin, wie ungerecht er behandelt wurde. Dies führt ihn dann in ausschweifende und teils größenwahnsinnig anmutende Fantasien über seine eigene Großartigkeit, seine überragenden Fähigkeiten, über seine Macht und sein Durchsetzungsvermögen sowie darüber, wie ihm schon bald das zuteilwerden wird, was ihm zusteht: Erfolg, Anerkennung und Bewunderung. Dann wird der Mensch, der ihn in diese Lage gebracht hat, seinen Fehler erkennen und bereuen.

Durch diesen Rückzug in Fantastereien und durch die zusätzliche Aufmerksamkeit und Anteilnahme seines Umfeldes, die er durch seine Opferhaltung erlangt, schafft es der vulnerable Narzisst, sein angeschlagenes Selbstwertgefühl wieder aufzubauen. Reicht diese Bewältigungsstrategie nicht aus, um in sein grandioses Ich zurückkehren zu können, baut sich mit zunehmender Zeit immer mehr Druck in dem Narzissten auf. Die Gefühle von Ohnmacht, Sinnlosigkeit und Leere sind unerträglich für ihn, sodass dieser Druck sich auf die eine oder andere Art entladen muss. Dies führt immer zu Wut- oder Gewaltausbrüchen. Kann der

Narzisst diese nicht an dem eigentlichen Verursacher seiner Gefühle auslassen, muss das nächstbeste Opfer dafür herhalten. Meist ist dies der Partner des Narzissten; da er am engsten an ihn gebunden ist und sich in einer starken Abhängigkeitsstruktur befindet, kann er sich am wenigsten dagegen wehren.

GIBT ES „GESUNDEN NARZISSMUS“ UND WO IST DIE GRENZE?

Narzissmus ist Teil einer jeden menschlichen Persönlichkeitsstruktur und in Maßen sogar unabdingbar für die Persönlichkeitsentwicklung und die Entwicklung eines stabilen Selbstwertgefühls. Der Mensch hat gar keine andere Möglichkeit, als seinen eigenen Wert danach zu beurteilen, wie die Gesellschaft ihm diesen widerspiegelt.

Wir alle benötigen Anerkennung und das Gefühl, Dinge gut und richtig gemacht oder sogar einmal herausragende Leistungen erbracht zu haben. Wird uns diese Anerkennung niemals zuteil, sind wir nicht in der Lage, uns selbst als wertvolle Individuen wahrzunehmen, und genau das kann unter Umständen dazu führen, dass sich ein pathologischer Narzissmus entwickelt.

Mit dem Narzissmus ist es wie mit Alkohol: Die Dosis macht das Gift[6]. Doch wo hört gesunder Narzissmus auf und wo fängt der pathologische, der anderen Menschen erheblichen Schaden zufügt, an?

Zunächst einmal ist es vollkommen natürlich, sich nach der Anerkennung derer zu sehnen, die für uns Bedeutung haben. Da das Leben nicht stabil verläuft, sondern aus einem Wechsel von positiven und negativen Phasen besteht, benötigt der Mensch eine Art Mechanismus, der ihm dabei hilft, sein Selbstwertgefühl stabil zu halten, es gewissermaßen

[6] Zitat von Paracelsus, Schweizer Arzt, 1493-1541.

regulieren zu können. Hätten wir diesen Mechanismus nicht, würde jeder Rückschlag in unserem Leben automatisch zu einer Abwertung unseres Selbst führen. Somit kann man Narzissmus als eine Überlebensstrategie der Psyche betrachten, die uns helfen soll, mit Rückschlägen auf eine gesunde Art umzugehen. Doch nicht nur dafür ist Narzissmus überlebensnotwendig, denn Menschen haben noch ein weiteres, überlebenswichtiges Grundbedürfnis: Gesellschaft. Im Laufe der Evolution hat sich gezeigt, dass wir in Gruppen sicherer sind und unsere Überlebenschancen dadurch steigen, dass wir Teil einer Gruppe sind. Wir brauchen einander.

Um Teil einer Gruppe sein zu können, ist es wichtig, innerhalb derselben auch eine nützliche Funktion zu erfüllen. Würden wir als Individuum der Gruppe keinerlei Nutzen bieten, würde uns diese Gruppe irgendwann verstoßen. Wir stünden dann allein da und unser Überleben wäre gefährdet.

Auch wenn es in der heutigen Gesellschaft nicht mehr notwendig ist, Teil einer Gruppe zu sein, und jeder theoretisch für sich allein überleben kann, hat sich dieses Bedürfnis jedoch tief in unsere Gene eingeprägt und seine Erfüllung ist unerlässlich für unsere psychische Gesundheit und unser Wohlbefinden.

Um dieses Bedürfnis also erfüllen zu können, benötigen wir eine Art Messsystem, das uns unseren Stand in der Hierarchie der Gruppe anzeigt. Logischerweise wird es uns auch umso besser gehen, je höher wir in der Hierarchie aufsteigen, also je wertvoller wir für diese Gruppe sind. Aus diesem Grund ist das Streben nach Anerkennung und Bewunderung durch die Menschen, die zu unserem sozialen Umfeld gehören, nicht nur vollkommen natürlich, man könnte es sogar durchaus als einen Teil unseres Überlebensinstinkts betrachten.

Solange unser Streben nach Anerkennung einen Nutzen für die Gemeinschaft hat – und dies gilt auch dann, wenn dieses Streben rein egoistischer Natur ist –, kann man also von einem gesunden Narzissmus sprechen. Gefährlich oder sogar pathologisch wird es dann, wenn dieses Streben zu unserer einzigen Motivation wird, wir die Gemeinschaft dabei aus den Augen verlieren und sogar bereit sind, Anerkennung auf Kosten anderer Menschen zu erlangen. Dies kann überhaupt nur dann geschehen, wenn bereits die frühkindliche Entwicklung gestört wird, denn in jungen Jahren erlernen Kinder die sozialen Spielregeln und damit verbundene, wichtige Fähigkeiten wie Empathie. Mangelt es an dieser oder lernt das Kind, sie falsch – nämlich nur zum eigenen Vorteil – einzusetzen, ist der Weg in eine narzisstische Persönlichkeitsstörung vorprogrammiert.

Die mangelnde oder gänzlich fehlende Empathie wird in der Fachliteratur als das Merkmal benannt, das für die Diagnose einer narzisstischen Persönlichkeitsstörung auf jeden Fall vorhanden sein muss. Wer Narzissten kennt und Umgang mit ihnen hat, wird diese Aussage auch absolut bestätigen können, doch ist es wirklich möglich, dass ein Mensch nicht über Empathie verfügt? Jeder Mensch verfügt schließlich über sogenannte Spiegelneuronen im Gehirn.

Diese besondere Art von Nervenzellen ermöglicht es uns, andere Menschen gewissermaßen zu „lesen", ihre Emotionen zu verstehen und dadurch sogar ihre Handlungen vorauszuahnen. Darüber hinaus sorgen die Spiegelneuronen sogar dafür, dass wir die Emotionen unseres Gegenübers nachahmen, seine Stimmungen teilen.

Dies geschieht aus einem einfachen Grund: Je besser wir uns an unser soziales Umfeld anpassen können, desto leichter integrieren wir uns und nutzen der Gemeinschaft, was wiederum unser Überleben sichert. Auch im Falle von Gefahrensituationen, also wenn unser Gegenüber feindliche Absichten hat, sind wir durch die Spiegelneuronen in der Lage, diese Absichten rechtzeitig zu erkennen und notwendige Maßnahmen zu ergreifen.

Wenn also Spiegelneuronen verantwortlich sind für die Fähigkeit der Empathie, wie soll es dann möglich sein, dass ein Mensch nicht über diese überlebensnotwendigen, besonderen Nervenzellen in seinem Gehirn verfügt? Auch wenn es sich hierbei nicht um eine wissenschaftlich belegte Tatsache handelt, bin ich der Meinung, dass die Logik ganz klar den Schluss ziehen muss, dass ein empathieloser Mensch unmöglich ist! Aufgrund meiner eigenen Lebensgeschichte hatte ich jahrzehntelang Gelegenheit, Menschen mit dem Störungsbild des Narzissmus zu beobachten und ihr Verhalten zu analysieren.

Was sich mir dabei mit jedem Jahr klarer zeigte, war die Tatsache, dass Narzissten nicht nur sehr wohl über Empathie verfügen, sondern diese sogar überdurchschnittlich ausgeprägt ist. Die stark ausgeprägten Fähigkeiten zur Manipulation, über die Narzissten verfügen, könnten sich ohne Spiegelneuronen – und damit ohne Empathie – überhaupt nicht entwickeln. Die Tatsache, dass ein Narzisst kalt und empathielos wirkt, liegt einzig darin begründet, dass seine empathischen Fähigkeiten von der Norm abweichen. Er setzt sie nicht mehr ein, um sich mit anderen zu verbinden und Teil einer Gemeinschaft zu sein, sondern ausschließlich zu seinem eigenen Wohl.

An dieser Stelle sollte erkennbar werden, dass die Grenze zwischen gesundem und pathologischem Narzissmus nicht so einfach definierbar ist, sondern eher fließend verläuft. Deshalb spricht man in der Psychologie auch eher von narzisstischen Tendenzen mit verschiedenen Ausprägungen, die in drei Kategorien eingeteilt werden, von denen lediglich die dritte als pathologische, also als narzisstische Persönlichkeitsstörung gilt.

Die beiden ersten Kategorien werden wir uns deshalb noch einmal genauer ansehen

Moderat ausgeprägte, narzisstische Persönlichkeitsmerkmale

Menschen mit moderat ausgeprägten, narzisstischen Persönlichkeitsmerkmalen könnte man auch als gesunde Narzissten – im Grunde also als normale und psychisch gesunde Menschen – betrachten. Sie verfügen über ein normal ausgeprägtes Maß an Empathie in Kombination mit ausreichend sozialer Kompetenz und folgen der überaus menschlichen Neigung, Misserfolge auf äußere Umstände zu schieben, während Erfolge den eigenen, positiven Eigenschaften zugeschrieben werden.

Gefühle von Angst, Einsamkeit oder Isolation sowie innerer Leere und Ohnmacht treten nur in Ausnahmesituationen auf und das Individuum verfügt über eine stabile Persönlichkeit und Psyche.

Narzisstische Persönlichkeitsakzentuierung

Die narzisstische Persönlichkeitsakzentuierung lässt sich als der fließende Bereich der Grenze zwischen gesundem und pathologischem Narzissmus betrachten. Menschen, die in diese Kategorie fallen, verfügen nur über ein äußert fragiles Selbstwertgefühl, das jederzeit leicht durch äußere Umstände ins Negative gekippt werden oder sogar zerbrechen kann.

Es handelt sich um psychisch äußerst labile Persönlichkeiten, die verletzlich und unsicher sowie dauerhaft mit Gefühlen wie Scham, Angst, Einsamkeit und Ohnmacht konfrontiert sind. Im Ansatz sind bei diesen Menschen Kompensationsmechanismen sowohl des grandiosen als auch des vulnerablen Narzissten vorhanden. Die Abgrenzung zum pathologischen Narzissten wird nur nach zwei Kriterien getroffen:

1. Wie hoch ist die Fähigkeit zur Empathie bzw. wie egoistisch wird Empathie angewendet?

Menschen dieses Typus wirken oft sehr arrogant und uninteressiert an anderen Menschen. Dies liegt darin begründet, dass sie ihre Empathie häufig zu ihrem eigenen Nutzen – also zur Manipulation – einsetzen, wodurch sie empathielos wirken. Im Gegensatz zu pathologischen Narzissten sind sie jedoch durchaus in der Lage, eine gesunde und normale Empathie zur Schau zu stellen, nämlich dann, wenn es um Menschen geht, die ihnen etwas bedeuten.

Auch die Bindungsfähigkeit, also die Fähigkeit, Beziehungen auf einer intimen Ebene aufzubauen und zu pflegen, gibt somit Auskunft darüber, wie pathologisch der Narzissmus wirklich ist.

2. Wie erfolgreich sind diese Menschen bei der Bewältigung ihres alltäglichen Lebens?

Menschen, bei denen nur eine narzisstische Persönlichkeitsakzentuierung vorliegt, haben gegenüber pathologischen Narzissten einen erheblichen Vorteil: Sie verfügen über stabile und gesunde soziale Beziehungen zu anderen Menschen, auch wenn dieser Kreis bei ihnen weit kleiner ausfällt als bei gesunden Menschen.

Ein solch stabiles, soziales Netz ist in der Lage, viele Schwierigkeiten im Leben abzufangen und als Puffer zu dienen. Deshalb fällt es diesen Menschen um einiges leichter, ihr Leben und die damit verbundenen Anforderungen zu bewältigen. Auch in Krisen sind sie um einiges besser aufgestellt als pathologische Narzissten. Somit sind der Leidensdruck und der Schaden, die durch die „Störung" verursacht werden, erheblich geringer als im Falle einer tatsächlichen, narzisstischen Persönlichkeitsstörung.

Diese Menschen sind im Grunde Grenzgänger und genau die Zielgruppe, die ich in der Einleitung zu diesem Buch angesprochen habe. Sie sind besonders gefährdet, als pathologische Narzissten abgestempelt zu werden, was fatale Folgen haben kann. Wenn die sozialen Beziehungen dieser Menschen nämlich aufgelöst werden, weil sie falsch beurteilt wurden, kann dies dazu führen, dass sich ihr narzisstisch geprägtes Verhalten weiter verschlimmert und die Grenze zum pathologischen Narzissmus letztendlich doch überschritten wird. Dabei können genau diese

Menschen – im Gegensatz zu denen, die die Grenze bereits überschritten haben – durchaus noch erfolgreich behandelt werden!

Am Ende dieses Kapitels sollten Sie nun in der Lage sein, zu verstehen, wie ein Narzisst „funktioniert" und wie Sie narzisstische Tendenzen erkennen können. Ich hoffe jedoch, dass es mir genauso gelungen ist, aufzuzeigen, wie gefährlich es sein kann, andere Menschen vorschnell als pathologische Narzissten abzustempeln. Zugegeben, Menschen mit krankhaft ausgeprägtem Narzissmus sind sehr gefährlich und zu Ihrem eigenen seelischen und körperlichen Wohl ist dringend der Rückzug geraten, wenn Sie sich einer solchen Person ausgesetzt sehen.

Doch sollten Sie hier sehr vorsichtig abwiegen, bevor Sie handeln. Wie nahe steht Ihnen die betreffende Person, wie wichtig ist dieser Mensch für Sie und für andere? Am wichtigsten ist die Einschätzung, ob es möglich ist, diesem Menschen zu helfen, ob also Aussicht auf Besserung besteht. Wenn der Mensch zumindest engen Vertrauten gegenüber aufgeschlossen und sich in diesem Zusammenhang zur Annahme von Kritik und zur Selbstreflexion fähig zeigt, wäre es ein Fehler, zu gehen.

Dies sage ich aus einem ganz bestimmten Grund: Unsere Gesellschaft wird immer narzisstischer. Die Moral verfällt zunehmend und weicht einer stetig wachsenden Gier. Es geht immer mehr um sofortige Bedürfnisbefriedigung und Konsum, rücksichtloses Ellenbogenverhalten wird zunehmend als normal angesehen und sogar als erforderlich propagiert.

Wir züchten auf diese Weise gerade eine ganze Generation heran, die dafür prädestiniert ist, narzisstische Züge in sich zu kultivieren. Deshalb wäre es sozial betrachtet unverantwortlich, Menschen, die die Grenze noch nicht überschritten haben, gezielt darüber hinaus zu treiben, indem man sich von ihnen zurückzieht und ihnen somit den einzigen Halt nimmt, der sie noch halbwegs gesund erhält. Natürlich muss jeder für sich sorgfältig abwiegen und entscheiden, ob er in der Lage ist, den Druck und die Probleme, die eine Beziehung zu einem solchen Menschen mit sich bringt, auszuhalten und zu tragen.

Sollte man sich dazu jedoch in der Lage sehen, steht man meiner Ansicht nach auch ein Stück weit in der sozialen Verantwortung, jemandem, der Hilfe braucht, diese auch zu gewähren. Diese Hilfe sollte vor allem so aussehen, dass die Beziehung nicht aufgelöst wird, dass man der Person hilft, ein stabileres Selbstwertgefühl aufzubauen und Anregungen dazu gibt, psychologische Hilfe in Anspruch zu nehmen.

WIE ENTSTEHT NARZISSMUS?

Zu den Ursachen einer narzisstischen Persönlichkeitsstörung gibt es einige Theorien, die jedoch kaum bis gar nicht durch entsprechende Studien belegt wurden. Da diese Theorien aber in sich schlüssig, logisch und stimmig sind, halte ich es für wichtig, sie hier ebenfalls zu erläutern. Die wenigen Studien, die es zu diesem Thema gibt, weisen vorrangig auf eine interessante Tatsache hin: Narzissmus scheint innerhalb von Familien von Generation zu Generation weitergegeben zu werden.

Ob es sich hierbei um genetische Faktoren handelt, ist dabei unklar, jedoch bedarf es meines Erachtens nach keines genetischen Faktors, um dieses Phänomen zu erklären. Kinder, die so unglücklich sind, eine Mutter oder einen Vater mit narzisstischer Persönlichkeitsstörung zu haben, werden schließlich von Geburt an falsch behandelt und geprägt.

Ein Kind braucht, besonders in den ersten Lebensjahren, vor allem Liebe, Geborgenheit sowie die Unterstützung und Motivation seiner Eltern. Kinder von Narzissten lernen aber genau diese Dinge während ihrer gesamten Kindheit nicht kennen. Ihre Eltern helfen ihnen nicht, ein stabiles Selbstwertgefühl zu entwickeln, da sie damit beschäftigt sind, ihr eigenes Selbstwertgefühl auf Kosten der Kinder zu erhöhen.

Diese Kinder müssen von Beginn an eigene Überlebensstrategien entwickeln, damit ihre Bedürfnisse erfüllt werden, hinzu kommt die Tatsache, dass Lernen zu einem Großteil durch Nachahmung geschieht. Das Verhalten der Eltern lernt ein Kind, als angemessenes Verhalten selbst zu kultivieren, und so entwickelt es frühzeitig eigene Persönlichkeitsstörungen.

Dabei muss es sich nicht zwangsläufig immer um Narzissmus handeln, denn die grundsätzliche Veranlagung und das Geschlecht des Kindes spielen hierbei ebenfalls eine Rolle, genauso wie die individuellen Lebensumstände. Häufig entsteht, besonders bei weiblichen Kindern, auch eine Borderlinestörung, die in ihrer Symptomatik dem vulnerablen Narzissmus stark ähnelt.

Da ich selbst mit einer narzisstischen Mutter aufwuchs, möchte ich das an dieser Stelle etwas näher beleuchten, um deutlich zu machen, wie die Umstände bestimmen, welche psychische Störung bei Kindern von Narzissten entsteht. Grundsätzlich war ich selbst natürlich stark prädestiniert für die Entwicklung einer narzisstischen Persönlichkeitsstörung, jedoch kamen noch zahlreiche Umstände hinzu, die dafür sorgten, dass meine Entwicklung in eine etwas andere Richtung ging.

Der wichtigste Faktor hierbei war meine persönliche Veranlagung, so verfügte ich bereits in einem sehr jungen Alter über einen stark ausgeprägten Gerechtigkeitssinn und einen starken moralischen Kompass. Ich wusste bereits mit drei Jahren, dass das, was meine Mutter mit mir macht, nicht richtig ist, und da ich außerdem besonders dickköpfig war, ist es ihr zum Glück auch nie gelungen, mich vom Gegenteil zu überzeugen.

Der nächste wichtige Faktor war die Tatsache, dass meine Mutter an zahlreichen, begleitenden Persönlichkeitsstörungen litt, die dafür sorgten, dass sie mir vor allem einen Glaubenssatz tief eingeprägt hat: Jeder darf alles mit mir machen und ich habe kein Recht, mich gegen irgendetwas zu wehren. Rein rational war mir zwar ab einem gewissen Alter klar, dass das Unsinn ist, doch solche Glaubenssätze, die in einem sehr jungen Alter und in Begleitung von zahlreichen Traumatisierungen geprägt wurden, beeinflussen die Gedanken- und Gefühlswelt sowie das Handeln auf unbewusster Ebene.

Letzten Endes hat jedoch genau dieser Glaubenssatz mich davor gerettet, mich selbst in Richtung Narzissmus zu entwickeln, zusammen mit der Tatsache, dass mir immer allzu deutlich bewusst war, wie es sich anfühlt, einem solchen Menschen ausgeliefert zu sein. Ich wollte niemandem wehtun, egal, was ich dadurch hätte gewinnen können. Zusammen mit der mir eingeimpften Unterwürfigkeit führte dies bei mir zur Entwicklung einer Borderlinestörung. Doch wären diese Faktoren nicht vorhanden gewesen, wäre ich heute tatsächlich das Abbild meiner Mutter.

Die mögliche genetische Prädisposition[7] und die prägende Erziehung von Kindern in Familien mit narzisstischen Eltern sind jedoch nicht der einzige Umstand, der die Entwicklung einer narzisstischen Persönlichkeitsstörung begünstigen kann.

Zwei weitere Szenarien stehen unter starkem Verdacht, ein Kind zum Narzissten werden zu lassen. Dazu gehören Kinder, die vollkommen sich selbst überlassen und vernachlässigt werden, besonders emotional. Erhält ein Kind niemals Wärme und Geborgenheit sowie Bestätigung durch seine Eltern, ist es gezwungen, eigene Mechanismen zu entwickeln, um das zu bekommen, was es zum Überleben braucht. Auch auf diese Art können narzisstische Kompensationsmechanismen entstehen. Wie stark diese dann im Laufe des Lebens ausgeprägt werden und ob sie sich bis hin zu einer pathologischen Störung entwickeln, hängt dann jedoch wieder von zahlreichen, individuellen Faktoren ab.

---

[7] Prädisposition: ausgeprägte Anfälligkeit für bestimmte Krankheiten

Hat ein solches Kind zumindest Unterstützung außerhalb der Familie oder findet es im jungen Erwachsenenalter einen liebevollen Partner, kann es bei der Entwicklung einer narzisstischen Persönlichkeitsakzentuierung bleiben.

Die dritte mögliche Ursache, die im Verdacht steht, Narzissmus hervorzurufen, bringt in der Regel den hoch funktionalen Narzissten hervor. Es handelt sich hierbei um Kinder, die in Familien mit überdurchschnittlichem Leistungsdruck aufwachsen und an die Anforderungen gestellt werden, die sie kaum bis gar nicht erfüllen können. Herrscht in dieser Familie gleichzeitig noch eine emotionale Kälte vor und bekommt das Kind nur dann Aufmerksamkeit und Zuwendung, wenn es ihm gelingt, die Erwartungen der Eltern einmal zu erfüllen, ist der Weg zum hoch funktionalen Narzissten so gut wie vorprogrammiert.

Inzwischen sollte eines deutlich geworden sein: Das übliche Opfer-Täter-Denken funktioniert nicht und bringt niemanden weiter! Auch wenn ich nicht oft und ausdrücklich genug darauf hinweisen kann, wie gefährlich pathologische Narzissten sind und dass es nur den Weg des Rückzugs geben kann, sollte man sich doch immer bewusst machen, dass diese Menschen nicht aus reiner Bosheit handeln. Sie sind selbst Opfer, die zu Tätern gemacht wurden!

Dies mag sie nicht von ihren Taten freisprechen, jedoch sollte es den Opfern zu denken geben. Denn wer sich selbst zu sehr in die Opferrolle fallen lässt, läuft Gefahr, später selbst zum Täter zu werden. Die Opfer-Täter-Dynamik ist ein endloser Kreislauf, der nichts anderes bewirkt, als immer neue Opfer und Täter zu kreieren.

Das weiß ich aus meiner eigenen Lebenserfahrung am besten. Deshalb möchte ich die „Opfer“ von Menschen mit narzisstischer Persönlichkeitsstörung an dieser Stelle dazu aufrufen, ihre eigene Verantwortung für ihr Leben anzuerkennen und in die Hand zu nehmen. Wie das geschehen kann, werden wir in einem späteren Kapitel noch besprechen.

PERSÖNLICHKEITSTEST: SIND SIE GEFÄHRDET, IN EINE BEZIEHUNG MIT EINEM NARZISSTEN ZU GERATEN?

Inzwischen sollte klar sein, dass nicht für jeden Menschen grundsätzlich die Gefahr besteht, in eine Beziehung mit einem pathologischen Narzissten zu geraten. Wie bereits mehrfach erwähnt, suchen Narzissten sich die Menschen, die sie in ihr soziales Umfeld aufnehmen, sehr gezielt aus.

Dadurch kann die Wahrscheinlichkeit, dass Sie persönlich an einen Narzissten geraten, sehr unterschiedlich hoch ausfallen, je nach Ihren persönlichen Veranlagungen, Lebensumständen und Ihrer eigenen Vorgeschichte. Der folgende Persönlichkeitstest kann Ihnen dabei helfen, zu bestimmen, wie hoch diese Wahrscheinlichkeit bei Ihnen selbst ausfällt, und dient somit zu Ihrer Orientierung.

Da Sie dieses Buch lesen, gehe ich davon aus, dass Sie sich selbst die Frage stellen, ob jemand in Ihrem sozialen Umfeld ein Narzisst sein könnte. Sollte diese Frage bisher nicht sicher beantwortet worden sein, kann das Ergebnis dieses Tests zu einer Entscheidung führen.

Von diesem Test ausnehmen möchte ich jedoch eine bestimmte Art von Beziehungen, nämlich die berufliche Ebene. Wenn Sie einen Ihrer Vorgesetzten oder Kollegen in Verdacht haben, ist der Test nicht anwendbar. Auch wenn Narzissten bei der Auswahl ihres sozialen Umfelds sehr gezielt vorgehen, haben sie doch auf beruflicher Ebene kaum eine Wahl. Ausgenommen hiervon sind bestenfalls Personalchefs, die selbst auswählen können, welcher Bewerber die Stelle bekommt.

Doch grundsätzlich lässt sich sagen, dass auf beruflicher Ebene für jeden Menschen die potenzielle Chance besteht, an einen pathologischen Narzissten zu geraten. Zu guter Letzt möchte ich Sie darum bitten, bei der Beantwortung der Fragen absolut ehrlich zu sein, da der Test sonst keine Aussagekraft haben kann. Je ehrlicher Sie antworten, desto mehr können Sie sich auf das Ergebnis verlassen. Bedenken Sie bitte, dass dieser Test nur für Sie persönlich bestimmt ist, Sie müssen ihn niemandem zeigen und grundsätzlich gibt es nichts, für das Sie sich schämen müssten.

Testfragen

1. Haben Sie in Ihrer Kindheit traumatische Erfahrungen gemacht? Gemeint sind emotionaler/sexueller Missbrauch, Gewalterfahrungen und Vernachlässigung.

a) Ja, es gab maximal einen Vorfall in meiner Kindheit, der in dieses Schema passt

b) Ja, es gab mehrere Vorfälle, die in dieses Schema passen

c) Nein

2. Haben Sie in Ihrer Jugend oder im Erwachsenenalter traumatische Erfahrungen wie in Frage 1 gemacht?

a) Ja, es gab einen Vorfall

b) Ja, es gab mehrere Vorfälle

c) Nein

3. Sind bei Ihnen psychische Erkrankungen diagnostiziert oder vermuten Sie diese? Z. B. Depressionen, Alkohol-/Drogenmissbrauch, Angststörungen oder Ähnliches?

a) Ja, ich habe eine oder mehrere Diagnosen über psychische Erkrankungen

b) Bei mir wurde nichts diagnostiziert, jedoch vermute ich, dass ich an einer psychischen Erkrankung leiden könnte

c) Nein, ich bin psychisch stabil und ausgeglichen

4. Wie würden Sie Ihre Grundstimmung im normalen Alltag beschreiben?

a) Zufrieden und ausgeglichen, mit gelegentlichen Ausnahmen

b) Schlecht gelaunt, überfordert und energielos, abwechselnd mit besseren Phasen

c) Dauerhaft unzufrieden, überfordert, perspektivlos

5. Wie ist Ihre normale Körperhaltung, sowohl im Sitzen als auch im Stehen oder Laufen?

a) Ich halte mich meistens gerade und aufrecht und achte auf eine gesunde Körperhaltung

b) Ich versuche, mir eine gesunde Körperhaltung anzugewöhnen, denke aber meist nicht daran

c) Ich bin eher der entspannte Typ, besonders im Sitzen neige ich dazu, den Rücken eher zu krümmen als durchzustrecken. Meine Körperhaltung ist mir egal.

6. Wie gut können Sie Nein sagen?

a) Ich habe keine Probleme damit, Nein zu sagen, auch zu Menschen, die mir nahestehen

b) Nein zu sagen fällt mir schwer, es gelingt mir nur gelegentlich und nur bei Menschen, die mir nicht nahestehen

c) Ich kann überhaupt nicht Nein sagen

7. Würden Sie sich selbst als Menschen mit vielen Problemen bezeichnen?

a) Ja, immer viele Probleme zu haben zieht sich wie ein roter Faden durch mein Leben

b) Ich habe mal mehr, mal weniger Probleme, es übersteigt aber das normale Maß nicht

c) Nein, mein Leben verläuft relativ problemlos

8. Wie gehen Sie mit Rückschlägen und Problemen um?

a) Rückschläge und Probleme sind für mich ein normaler Teil des Lebens und entmutigen mich nicht

b) Mit kleineren Rückschlägen und Problemen werde ich gut fertig, wenn es zu viel wird, brauche ich jedoch Unterstützung

c) Ich kann gar nicht mit Rückschlägen und Problemen umgehen, fühle mich davon überfordert und oft wie ein Versager

9. Wie gut sind Sie sozial aufgestellt?

a) Sehr gut, ich erfahre großen Rückhalt durch Familie, Freunde und Bekannte

b) Mittelmäßig, ich habe einige wenige Freunde sowie meine nächsten familiären Angehörigen

c) Überhaupt nicht gut. Es besteht kein Kontakt zur Familie und es gibt nur wenige bis gar keine Freunde

Auswertung der Testergebnisse
Um Ihr Ergebnis zu bestimmten, gehen Sie bitte wie folgt vor: Für jede Frage, die Sie mit Antwort A beantwortet haben, geben Sie sich null Punkte, für jede Frage, die mit Antwort B beantwortet wurde, einen Punkt und für jede Frage, die mit Antwort C beantwortet wurde, zwei Punkte. Addieren Sie alle Punkte, um Ihr Ergebnis ablesen zu können.

0-8 Punkte
Sollten Sie tatsächlich null Punkte erzielt haben, besteht überhaupt kein Grund zur Sorge, dass Sie jemals in eine Beziehung mit einem pathologischen Narzissten geraten könnten. Selbst, wenn Sie einen solchen Menschen kennen lernen, wird dieser keinerlei Interesse daran zeigen, eine Beziehung zu Ihnen aufzubauen.

Liegt Ihr Ergebnis bei mehr als null Punkten, könnte es zwar geschehen, dass ein Narzisst sich Ihnen einmal annähert und Sie als potenzielles Opfer betrachtet, jedoch kann dies nur in Phasen geschehen, in denen es Ihnen sehr schlecht geht. Sobald Sie wieder Ihren Normalzustand erreicht haben, würde diese Beziehung sich jedoch sehr schnell auflösen, denn Sie verfügen über ein gesundes Selbstbewusstsein und lassen sich so leicht nicht herumschubsen.

Spätestens an dem Punkt, an dem der Narzisst versuchen würde, Sie zu manipulieren, würden entweder Sie selbst den Rückzug antreten oder der Narzisst würde erkennen, dass er bei Ihnen mit seinen Methoden nicht weit kommt, und sich ein anderes „Opfer" suchen.

9-14 Punkte
Wenn Ihr Ergebnis in diesem Bereich liegt, besteht bereits ein nicht unerhebliches Risiko, dass Sie in eine Beziehung mit einem Narzissten verstrickt werden könnten. Auch hier steigt das Risiko in Phasen, in denen es Ihnen generell nicht gut geht, jedoch müssen Sie aufgrund Ihrer Lebensumstände und Ihrer persönlichen Veranlagung grundsätzlich sehr

vorsichtig sein, welche Menschen Sie in Ihr Leben lassen. Sie sind prädestiniert, Opfer von Manipulation, Ausnutzung und auch Gewalt zu werden, und sollten in Erwägung ziehen, sich Hilfe zu suchen um die bei Ihnen auftretenden Defizite, wie mangelndes soziales Umfeld, mangelndes Selbstwertgefühl oder psychische Erkrankungen, mit der Zeit ausgleichen zu können.

15-18 Punkte

Sollten Sie ein Ergebnis in diesem Bereich erzielt haben, sind Sie leider das „perfekte Opfer“ für Menschen mit narzisstischer Persönlichkeitsstörung. Da Sie dieses Buch lesen, ist es mehr als wahrscheinlich, dass Sie bereits in einer Beziehung mit einem Narzissten stecken. Grundsätzlich gilt, Sie sind extrem gefährdet und ziehen psychisch kranke Menschen aller Art an. Dennoch gibt es einen Grund, dieses Ergebnis positiv zu bewerten, denn Sie wissen nun, wo Sie stehen, und erst dann können Sie wirklich eine Veränderung zum Besseren bewirken.

Im weiteren Verlauf dieses Buches werden Sie zahlreiche Hilfestellungen erhalten, wie es Ihnen gelingen kann, sich aus einer solchen Beziehung zu lösen und wie Sie Ihr Leben zukünftig sicherer, besser und zufriedener gestalten können.

Beziehungen zu Narzissten – Alles, was Sie darüber wissen müssen

Zunächst einmal sollten wir den Begriff der Beziehung näher definieren, bevor wir über die Dynamiken sprechen, die innerhalb dieser Beziehung ablaufen. Denn je nach Art der Beziehung können diese unterschiedlich ausfallen, auch wenn es Gemeinsamkeiten gibt. Die unerträglichste Art der Beziehung zu einem Narzissten, die Sie als Erwachsener führen können, ist sicherlich die partnerschaftliche Verbindung.

Doch gibt es neben solchen Beziehungen natürlich noch andere Möglichkeiten, sich an einen Narzissten zu binden. Es könnte sich um eine Freundschaft oder eine verwandtschaftliche Verbindung handeln und natürlich auch um die berufliche Form einer Verbindung. Da es mehr als unwahrscheinlich ist, dass ein Kind mit narzisstischen Eltern jemals ein Buch wie dieses in die Hände bekommt, werde ich auf diese Form der Verbindung auch nicht weiter eingehen, als ich es im Kapitel über die Ursachen bereits getan habe.

Beginnen möchte ich an dieser Stelle mit den Gemeinsamkeiten, die sämtliche Beziehungsformen untereinander aufweisen, um dann im späteren Verlauf gezielt auf die einzelnen Formen der Beziehung einzugehen.

Wir kommen hier nun im Grunde zum wichtigsten Teil dieses Buches und zu einem Thema, das wir bisher bestenfalls gestreift haben: Manipulation. Ich erwähnte ja bereits, dass manipulatives Verhalten einer der sichersten Hinweise darauf ist, dass Sie es mit einem Narzissten zu tun haben. Doch ist Manipulation ein Begriff, der ein extrem weites

Spektrum abdecken kann, und nicht jede Form der Manipulation weist direkt auf Narzissmus hin. Pathologische Narzissten bedienen sich in der Regel jedoch einer ganz bestimmten Form der Manipulation, solange sie sich in der Phase des grandiosen Narzissmus befinden. In vulnerablen Phasen manipulieren sie dann etwas anders, bauen dabei jedoch auf das auf, was sie mit ihrer vorigen Manipulation bereits erreicht haben.

Vermutlich haben Sie von dem folgenden Begriff noch nichts gehört, denn im deutschen Sprachraum und in der psychologischen Fachliteratur hat diese Form der Manipulation noch keinen Einzug gefunden. Im Grunde werden die narzisstischen Manipulationsformen hier kaum näher definiert, doch in den USA sieht das glücklicherweise etwas anders aus. Von dort stammt der Begriff des *Gaslighting*, der sich von dem ebenfalls US-amerikanischen Film *Gaslight* aus dem Jahre 1944 ableitet.

Dieser Film handelt von einem Mann, der es sich zum Ziel gesetzt hat, seine Ehefrau für verrückt erklären und einweisen zu lassen, damit er den alleinigen Zugriff auf ihr Vermögen bekommt. Es handelt sich also um eine Form der Manipulation, die dazu führen soll, dass die manipulierte Person immer mehr an ihrer Wahrnehmung und an sich selbst zweifelt, bis sie selbst glaubt, verrückt geworden zu sein.

Auch wenn es in dem Film nicht explizit um Narzissmus geht, handelt es sich beim Gaslighting doch exakt um die Form der Manipulation, die pathologische Narzissten am häufigsten anwenden.

Dabei ist es jedoch weniger ihr Ziel, ihr Opfer in den Wahnsinn zu treiben, als es vielmehr gefügig und unterwürfig zu machen, indem sie ihm jegliches Selbstvertrauen nehmen, es in eine vollkommene Abhängigkeit zwingen und so dafür sorgen, dass sie selbst sicher sind, niemals verlassen zu werden. Man kann das Gaslighting deshalb durchaus mit einer Gehirnwäsche vergleichen, besonders, wenn es massiv betrieben wird. Wenn Sie ein Opfer von Gaslighting sind, werden Ihnen mit der Zeit einige hübsche neue Glaubenssätze eingeprägt, die Ihnen nicht einmal bewusst sind und die sich – vor allem, wenn sie nicht von Ihnen entdeckt werden – prägend auf Ihr Verhalten, Ihre Gedanken und Gefühle auswirken werden. Sie werden zu einem neuen Menschen gemacht, wenn auch alles andere als zu Ihrem Vorteil. Gaslighting ist eine der perfidesten Manipulationsmethoden, die es überhaupt gibt, weshalb ich es für besonders wichtig halte, diesem Thema erhöhte Aufmerksamkeit zu schenken.

Es ist wichtig, dass auch im deutschen Sprachraum und in der deutschen Psychiatrie mehr bekannt wird über diese Art der Manipulation und darüber, wie sie in Verbindung mit Narzissmus steht. Nur so kann sowohl Opfern als auch Tätern eines Tages effektiver geholfen werden.

Die nun folgende Beschreibung der einzelnen Phasen dieser Manipulationstechnik bezieht sich auf die Extremsituation, in der der Narzisst es darauf abgesehen hat, mit Ihnen entweder eine partnerschaftliche Verbindung einzugehen oder eine sehr enge Freundschaft. Beides wird letztendlich auf eine gemeinsame Wohnsituation hinauslaufen. In diesen Fällen fällt das Gaslighting tatsächlich sehr viel extremer aus, als es in einer Beziehungsform mit mehr Abstand und weniger Abhängigkeitsstrukturen überhaupt möglich wäre.

Jedoch werden Sie Gaslighting im Zusammenhang mit Narzissten immer erleben, auch wenn es sich bei dem Narzissten statt einem Partner um einen Verwandten, Kollegen oder Bekannten handelt. Die Methoden werden vom Narzissten lediglich an die entsprechende Situation angepasst, dabei wird er immer versuchen, das Maximum aus der bestehenden Situation herauszuholen. Möglicherweise werden Sie die folgenden Schilderungen also nur in abgeschwächter Form wiedererkennen, dann können Sie sich glücklich schätzen.

Die grundlegenden Methoden sind jedoch immer die gleichen und ich halte es für besser, die extreme Möglichkeit ausführlich zu schildern, um alles abzudecken, was im Rahmen dieser Manipulationstechnik auftreten kann.

So extrem Ihnen die folgende Schilderung auch erscheinen mag, ich kann Ihnen aus mehrfacher eigener Erfahrung versichern, dass nichts davon übertrieben ist und dass weit mehr Menschen unter diesen Umständen leben müssen, als man sich überhaupt eingestehen will.

Nachdem es mir selbst endlich gelungen war, mich aus der Beziehung zu meinem narzisstischen Lebenspartner zu befreien, begann für mich ein sehr langer Weg der Therapie. Bei dieser Gelegenheit lernte ich mit der Zeit immer mehr Menschen kennen, die ebenfalls eine solche Beziehung hinter sich hatten. Die unzähligen Gemeinsamkeiten in den Erzählungen anderer Betroffener, sowohl untereinander als auch mit meinen eigenen Erlebnissen, erschlugen mich beinahe und um ehrlich zu sein, hat sich daran bis heute nichts geändert.

Dies ist der Hauptgrund, warum ich dieses Buch schreibe, denn es ist mir ein persönliches Anliegen, so viele Betroffene wie möglich zu erreichen, um ihnen aufzuzeigen, dass nicht sie es sind, mit denen etwas ganz und gar nicht stimmt.

GASLIGHTING

Phase 1: Potenzielle Opfer ausfindig machen

Gaslighting ist eine Manipulationstechnik, die in mehreren Phasen verläuft, welche aufeinander aufbauen. Zu Beginn muss man sich bewusst sein, dass diese Technik nicht bei jedem Menschen gleich gut anwendbar ist. Es gilt grundsätzlich, je psychisch stabiler ein Mensch ist und je besser sein Selbstwertgefühl aufgestellt ist, desto schwieriger wird die Anwendung von Gaslighting bei diesem Menschen und desto geringer sind die Erfolgsaussichten.

Jemand, der sich selbst vertraut, psychisch gesund ist und über ein stabiles soziales Netzwerk als Rückhalt verfügt, wird mit hoher Wahrscheinlichkeit sehr schnell den Rückzug antreten, sollte er auf diese

Weise manipuliert werden. Deshalb ist die erste Stufe des Gaslighting immer, Menschen gewissermaßen auf ihre Eignung hin zu „scannen“. Ich erwähnte ja bereits, dass Narzissten sich ihre Opfer sehr genau aussuchen. Dabei sollten Sie keinesfalls davon ausgehen, dass dies voll bewusst geschieht, auch wenn es den Eindruck erwecken kann, dass die Narzissten sich immer exakt der gleichen Vorgehensweise bedienen. Eine lange Zeit habe ich, halb im Scherz, gesagt, „Es muss irgendwo da draußen eine Anleitung für diese Form der Manipulation geben, eine Art geheimes Handbuch für Narzissten!“

Doch so einfach ist es leider nicht. Diese Manipulationstechniken entstehen in einem Menschen aus der Notwendigkeit heraus, grundlegende Bedürfnisse zu erfüllen, die anders nicht erfüllbar sind. Sie werden über einen langen Zeitraum durch simples Ausprobieren erlernt. Der Narzisst lernt unbewusst bereits als Kind, einzuschätzen, wie empfänglich bestimmte Menschen für seine Methoden sind, und verfeinert diese Methoden im Laufe seines Lebens dann immer mehr.

Dies ist genauso wenig ein bewusster Prozess, wie das Erlernen von Sprachen oder anderen grundlegenden Fähigkeiten, wie das Laufen. Es wird nicht bewusst darüber nachgedacht, sondern vielmehr ein instinktives Gespür entwickelt. Dieses Gespür sagt dem Narzissten dann einfach, dass er mit einem bestimmten Menschen gut zurechtkommen wird und mit einem anderen eher weniger. Erkennen kann der Narzisst dies an bestimmten Signalen, die jeder Mensch aussendet, vor allem über die Körpersprache, aber auch durch sein Verhalten.

An dieser Stelle muss ich noch dazu sagen, dass jeder Mensch in gewissen Grenzen andere manipuliert, das ist vollkommen normal. So lernen wir im Grunde alle auf diese unbewusste Weise, wie wir uns unseren Mitmenschen gegenüber verhalten müssen, um zu bekommen, was wir wollen. Problematisch wird dies erst dann, wenn die Manipulationen zu weit gehen und die Bedürfnisse der Mitmenschen dabei überhaupt keine

Rolle mehr spielen, wie es beim Narzissten der Fall ist. So ein Verhaltensmuster wird sich bei Menschen, die in einem gesunden Umfeld aufwachsen, jedoch niemals entwickeln, da deren Bedürfnisse zum größten Teil auch erfüllt werden, ohne dass sie zu manipulativen Mitteln greifen müssen.

Machen Sie sich bewusst, Narzissten suchen im Grunde immer nach Menschen, die eine gewisse Opferhaltung innehaben, je stärker, desto besser. Denn diese Menschen sind einfach am leichtesten zu manipulieren. Ausgestrahlt wird diese Opfermentalität durch die verschiedensten Signale, aber vor allem durch die Körpersprache.

Selbstbewusste Menschen verfügen über eine aufrechte, straffe Körperhaltung, sie blicken ihrem Gegenüber direkt in die Augen, ihre Sprache ist klar und deutlich, die Sprachlautstärke ist nicht zu leise. Selbst die Art, wie ein Mensch läuft, lässt erkennen, wie selbstbewusst dieser ist, zum Beispiel tendieren Menschen mit weniger Selbstwert deutlich stärker zu einem langsamen und schlurfenden Gang.

Das perfekte Opfer für einen Narzissten verfügt also über eine schlaffe Körperhaltung und einen eher zögerlichen, langsamen und schlurfenden Gang. Es spricht leise, blickt die meiste Zeit zu Boden und weicht Blickkontakt aus. Es wirkt immer mehr oder weniger so, als würde es sich unwohl fühlen, dort, wo es ist, und am liebsten verschwinden.

Wenn der Narzisst auf ein solches potenzielles Opfer aufmerksam wird, wird er es zunächst einmal testen, um sicherzugehen, dass seine Wahrnehmung auch richtig war und die betreffende Person nicht einfach nur einen schlechten Tag hat. Damit wird die nächste Phase eingeleitet, die über einen längeren Zeitraum verläuft, von einigen Tagen bis hin zu mehreren Wochen.

Phase 2: Das Opfer ausgiebig auf tatsächliche Eignung testen

Hier gibt es verschiedene Möglichkeiten, wie der Narzisst ein potenzielles Opfer testen kann, und meist werden sie alle nach und nach ausgeführt. Diese Methoden können bereits sehr subtil ausfallen, zumindest ist es für Menschen, die als Opfer in Frage kommen, aufgrund ihrer eigenen Prägung sehr subtil und kaum zu erkennen.

Dies liegt daran, dass diese Tests nichts anderes sind als Trigger, die aufzeigen,, wie ein Mensch auf bestimmte Situationen reagiert und damit, wie er geprägt wurde. Zur Verdeutlichung werde ich deshalb einige Beispiele nennen. Sicher kennen Sie das unangenehme Gefühl, wenn jemand einfach in Ihren „persönlichen Bereich" eindringt. Damit ist gemeint, dass Ihnen jemand buchstäblich zu nahetritt.

Wir alle haben diesen persönlichen Bereich und je selbstbewusster wir sind, desto größer ist er angelegt. Im Normalfall misst er mindestens einen Meter rund um Ihren Körper und es ist eigentlich eine soziale Selbstverständlichkeit, dass man nicht einfach in diesen Bereich eines anderen Menschen hineintritt. Natürlich gibt es dafür Ausnahmesituationen, zum Beispiel, wenn man sich einem potenziellen Partner auf romantische Weise annähern möchte, doch existieren hierfür Spielregeln. Es wird zunächst Augenkontakt hergestellt, um zu erkennen, ob der andere sich damit wohlfühlt, möglicherweise wird auch gefragt, ob es okay ist, sich auf diese Weise anzunähern.

Der Narzisst macht dies jedoch anders, er tritt einfach in diesen Bereich hinein, stellt sich direkt vor Sie, sodass er nur noch wenige Zentimeter entfernt ist, und blickt Ihnen dabei relativ unverschämt direkt in die Augen. Es handelt sich also um eine unterschwellig aggressive Annäherung, die Ihre Reaktion testen soll. Ein Mensch mit gesundem und stabilem Selbstwertgefühl wird entsprechend reagieren und deutliche Signale senden, dass seine Grenzen verletzt wurden. Er wird möglicherweise die Hand erheben, den Narzissten auf Abstand schieben, ihm dabei in die Augen blicken und auch sprachlich kommunizieren, dass diese Form der Nähe unangemessen ist. Seine Stimmte wird dabei klar und fest sein. Ein potenzielles Opfer reagiert darauf aber anders.

Entweder „friert" es einfach ein und wird steif oder es macht einen hektischen Schritt zurück. Der Blick wird auf den Boden geheftet und wenn es überhaupt in der Lage ist, etwas zu sagen, wird seine Stimme zitternd sein und möglicherweise sogar stottern. Dies ist eine Reaktionsweise, die typisch ist für Menschen, die ein Trauma erlitten haben, das im Zusammenhang mit irgendeiner Form von Gewalt steht. Es zeigt dem Narzissten deutlich, dass er mit diesem Menschen leichtes Spiel haben wird.

Als Nächstes wird der Narzisst testen, wie weit er bei Ihnen gehen kann bzw. wie weit Sie selbst bereit sind, sich unterzuordnen. Dies geschieht jedoch nicht direkt im Anschluss an den ersten Test, sondern zunächst wird er Sie aus der Situation der Bedrängnis entlassen und zurücktreten, sich dabei sogar möglicherweise mit einer Ausrede entschuldigen. Zu Beginn wird er sich große Mühe geben, Sie glauben zu lassen, dass er es gut mit Ihnen meint, wenn auch nur solange, bis er sich sicher ist, in Ihnen ein passendes Opfer gefunden zu haben.

Er wird deshalb zunächst versuchen, eine Verbindung zu Ihnen aufzubauen und dabei echtes Interesse an Ihrer Person vorgaukeln. Dabei wird er sehr schnell recht intim und persönlich werden. Wenn Sie tatsächlich ein potenzielles Opfer sind, werden Sie sehr schnell das Gefühl haben, hier auf einen Menschen getroffen zu sein, der über unglaublich viele Gemeinsamkeiten verfügt, Sie fasziniert und geradezu anzieht. Möglicherweise denken Sie sogar an Liebe auf den ersten Blick, je nach Kontext, in dem diese Annäherung stattfindet.

Sobald ein gewisses Grundvertrauen zwischen Ihnen und dem Narzissten besteht, wird er versuchen, herauszufinden, wie weit er bei Ihnen gehen kann. Dabei geht es darum, zu analysieren, wie weit Sie bereit sind, Ihre eigenen Grenzen für ihn zu überschreiten. In den meisten Fällen wird er Sie um etwas bitten oder sogar etwas von Ihnen verlangen. Dies wird etwas Ungewöhnliches sein, etwas, dass Ihre persönlichen Grenzen stark überschreitet oder gegen gängige Moralvorstellungen, evtl. sogar gegen Gesetze verstößt. Wenn Sie dies ablehnen, wird er so tun, als wäre diese Ablehnung vollkommen unnormal.

Er wird es so hinstellen, als wären Sie nicht richtig, evtl. sogar verrückt oder einfach nicht loyal ihm gegenüber. Jeder andere seiner Freunde wäre ja schließlich ohne Zögern bereit, das für ihn zu tun. Der erbetene Gefallen wird somit zur Einforderung eines Beweises für Ihre Vertrauenswürdigkeit, Freundschaft und Loyalität.

Hier geht es nur darum, Sie an sich selbst zweifeln zu lassen, und wenn er es schafft, Sie dazu zu bewegen, Ihre Grenzen für ihn zu überschreiten, haben Sie den Eignungstest des Narzissten bestanden. Er wird Sie dann in seinen kleinen sozialen Kreis aufnehmen und alles tun, damit Sie diesen nie wieder verlassen.

Phase 3: Vertrauen aufbauen und so viel intimes Wissen über das Opfer erlangen, wie nur möglich

In dieser Phase beginnt die eigentliche Beziehung zum Narzissten erst tatsächlich. Wie lange Sie andauert, kann variieren zwischen einigen Tagen und Wochen, erfahrungsgemäß hält sie aber maximal einen Monat an. In dieser Zeit wird der Narzisst sich Ihnen von seiner allerbesten Seite zeigen, was auch der Grund dafür ist, dass diese Phase so kurz ist.

Das Verhalten, was er hier an den Tag legen muss, ist für ihn extrem anstrengend und widerstrebt seiner wahren Natur. Er wird Sie umgarnen und umwerben, Sie hoch in den Himmel loben und enormes Interesse an allem zeigen, was Sie als Person betrifft. Er will so viel wie möglich über Sie wissen, denn Wissen ist Macht und diese Macht gedenkt er schließlich, sobald wie möglich gegen Sie auszuspielen. Deshalb ist es auch sein Ziel, möglichst intime Details über Sie zu erfahren, alles, was Sie in irgendeiner Form verletzlich machen könnte. Er hat es auf die „Leichen in Ihrem Keller" abgesehen und die haben wir schließlich alle.

Zur Strategie dieser Phase gehört es auch schon, Sie in möglichst große Schwierigkeiten zu bringen. Es spielt für den Narzissten dabei keine Rolle, ob es offensichtlich ist, dass er selbst diese Probleme verursacht hat, denn zunächst wird er alles in seiner Macht Stehende tun, um Ihnen aus dem Schlamassel, das er angerichtet hat, wieder heraus zu helfen. Wenn das angestrebte Ziel des Narzissten eine intime Paarbeziehung mit Ihnen ist, könnte das zum Beispiel so aussehen, dass er dafür sorgen wird, dass Sie Ihre Wohnung verlieren.

Dies kann auf viele Arten geschehen, zum Beispiel könnte er Sie dazu bringen, ihn und seine Freunde zu sich nach Hause einzuladen. Dort wird das Ganze schnell zu wilden Partys ausufern, die nicht nur mit viel Lärm, sondern auch einer Menge Zerstörung und Belästigung der Nachbarn ausufern. Versuchen Sie, ihn dabei auszubremsen, kann es schon zum ersten Mal dazu kommen, dass er gewalttätig wird, denn er wägt sich bereits in relativer Sicherheit. Gelingt es ihm, sich mittels Gewalt gegen Sie durchzusetzen, wird er dieses Verhalten so oft wiederholen, bis Sie Ihre Wohnung tatsächlich verlieren.

Dann kann er als der glorreiche Retter auftreten, der Sie bei sich einziehen und wohnen lässt, und er hat damit gewonnen. Denn von jetzt an stehen Sie in einem großen Abhängigkeitsverhältnis zu ihm und jedes Mal, wenn Sie nicht so wollen, wie er, wird er Ihnen vorhalten, dass er Sie doch schließlich gerettet hat, als Sie aus Ihrer Wohnung gekündigt wurden. Es wird dann nichts mehr nützen, ihn darauf aufmerksam zu machen, dass er diese Situation überhaupt erst verschuldet hat.

Wenn Sie dies tun, wird er mit unberechenbaren Wutausbrüchen reagieren und Ihrem Vermieter oder den Nachbarn die Schuld geben, während er sein eigenes Fehlverhalten herunterspielt und als Normalität hinstellt. Auch in dieser Situation müssen Sie mit einer gewaltvollen Reaktion des Narzissten rechnen. Das Beispiel mit der Wohnung ist natürlich nur eine Möglichkeit von vielen, wie der Narzisst Sie an ihn zu binden versuchen wird. Absolut jedes Szenario, dass dazu führt, dass Sie Hilfe benötigen, ist hier vorstellbar.

Bei der Strategie, Sie in Schwierigkeiten zu bringen, aus denen der Narzisst Sie dann retten kann, geht es jedoch noch um viel mehr. Rufen Sie sich noch einmal in Erinnerung, auf welche Art Mensch der Narzisst es abgesehen hat: Menschen mit möglichst starker Opfermentalität. Das sind dann immer auch Menschen, die mit Problemen kaum bis gar nicht umgehen können und sich davon stark überfordert fühlen.

Dies führt meist zu emotionalen Zusammenbrüchen und dazu, dass die Opfer wiederum viel zu viel von sich und ihrer Vergangenheit preisgeben. So sammelt der Narzisst Material, um Sie in der Hand zu haben, er kann sich als Retter aufspielen und Sie gleichzeitig noch emotional auffangen. Sie als Opfer werden kaum bemerken, wie Ihnen geschieht, denn hier beginnt bereits der perfide Teil des Gaslighting, indem die Realität vom Narzissten neu definiert wird. Dies wird allein daran ersichtlich, dass es jedem Narzissten spielerisch gelingt, die Schuld auf das Opfer abzuschieben, wenn er damit konfrontiert wird, dass er die Situation, aus der er das Opfer gerettet hat, selbst herbeigeführt hat.

Diese Rettung Ihrer Person durch den Narzissten kann auch nach einem anderen Schema ablaufen, dass ich anhand eines persönlich erlebten Beispiels verdeutlichen möchte. Dabei werden Sie nämlich vom Narzissten vor etwas gerettet, vor dem Sie weder Rettung brauchten noch diese eingefordert oder erbeten haben. Hinterher wird die Realität dann aber so verzerrt, dass der Narzisst doch wieder als der glorreiche Retter dasteht.

Die enge Freundin mit narzisstischer Persönlichkeitsstörung, von der ich bereits berichtet habe, hat diese Masche einmal mit mir durchgespielt und selbst heute, über zehn Jahre später, weiß ich noch gut, wie verwirrend das Ganze für mich war.

Damals hatte ich mir in den Kopf gesetzt, etwas zu tun, das für mich persönlich mit einem großen Risiko verbunden war. Wäre das, was ich zu tun gedachte, schiefgelaufen, hätte es ernsthafte Konsequenzen für mich gehabt. Mir war dies damals bewusst, ich entscheid mich aber dennoch, das Risiko in Kauf zu nehmen. Ich erzählte meiner Freundin damals, was ich vorhatte, und war zunächst sehr positiv überrascht von ihrer Reaktion.

Sie wohnte damals gut 200 km entfernt von mir und hatte eigentlich für die nächsten Tage eine längere Reise geplant. Doch als ich ihr von meinem Vorhaben erzählte, sagte sie diese Reise sofort ab und setzte sich in den nächsten Zug, um zu mir zu kommen und mir beizustehen. Eine bessere Freundin könnte man sich doch gar nicht wünschen, denken Sie jetzt vielleicht. Doch ganz so einfach war es leider nicht. Zunächst einmal müssen Sie wissen, dass Sie diese Reise eigentlich ohnehin nicht antreten wollte.

Sie sollte nämlich mit ihrer Familie für zwei Wochen verreisen, die Flugtickets waren schon gekauft und Sie hatte keine Chance, ihren Willen durchzusetzen und nicht mitzufahren. Somit hatte sie schon den ersten Gewinn für sich selbst gemacht, denn nun hatte sie einen triftigen Grund, den sie ihrer Familie präsentieren konnte, um doch nicht mitreisen zu müssen. Sie kam dann am nächsten Tag an und begleitete mich bei meinem Vorhaben, verhinderte jedoch gleichzeitig durch ihr Verhalten während der Aktion, dass ich die Sache wie geplant bis zum Ende durchziehen konnte. Somit hatte sie ihren zweiten Gewinn gemacht, denn sie war dadurch überhaupt keinem Risiko ausgesetzt worden.

Für mich hatte das Ganze nur Nachteile, denn ich hatte nur diese eine Chance für meine geplante Aktion, die durch ihre „Hilfe" ja vernichtet wurde. Dies hatte große negative Konsequenzen für mich auf emotionaler Ebene und hier konnte sie schon wieder als Retter einspringen, indem sie mich emotional auffing. Den größten Gewinn zog sie aber aus der Tatsache, dass sie von diesem Zeitpunkt an einen großen Trumpf gegen mich in der Hand hatte.

Jedes Mal nämlich, wenn ich fortan wagte, sie zu kritisieren, begann sie, mich anzubrüllen, wie undankbar ich doch wäre. Immerhin hätte sie damals alles für mich stehen und liegen lassen und sogar ihren geplanten Urlaub aufgegeben, um mir bei dieser Sache beizustehen. Diese Situation war so bizarr, dass ich beim ersten Mal, als das geschah, tatsächlich sprachlos war. Ich versuchte dann, die Sache in einem späteren Gespräch noch einmal anzusprechen.

Ich wagte es dann also, ihr zu sagen, dass sie mir damals überhaupt nicht geholfen hätte, sondern vielmehr verhindert hätte, dass ich das tun konnte, was ich vorhatte. Genauso wie die Tatsache, dass sie ja gar nicht in den Urlaub fahren wollte und sie somit die Einzige war, die etwas von ihrer großartigen Rettungsaktion hatte.

Daraufhin switchte sie sofort in die Opferrolle, also in die Rolle des vulnerablen Narzissten, und war mehr als am Boden zerstört über meine Undankbarkeit und darüber, wie ich ihr so etwas unterstellen konnte. In ihren Augen hatte ich die Tatsachen vollkommen verdreht und es wäre alles ganz anders gewesen. Sie strafte mich dann wochenlang mit Schweigen und Eiseskälte, bis ich um des lieben Friedens willen einlenkte. Wenn Sie an dieser Stelle denken, dass Sie selbst ein solches Verhalten niemals von ihren Freunden dulden würden, kann ich Ihnen nur gratulieren. Jeder halbwegs gesunde Mensch wird dies so sehen. Genau aus diesem Grund interessieren sich Narzissten ja auch nicht für psychisch gesunde Menschen…

Mit der Beschreibung dieses Beispiels sind wir allerdings schon aus der aktuellen Phase des Gaslighting herausgesprungen, denn in dieser Phase findet ja erst einmal nur die sogenannte Rettungsaktion statt. Das

Benutzen dieser Aktion als Freifahrtschein für spätere Gelegenheiten durch den Narzissten findet im Normalfall natürlich erst in späteren Phasen statt. Ich hoffe trotzdem, dass es mir gelungen ist, anhand dieser zwei Beispiele zu verdeutlichen, was Sie in dieser Phase erwartet.

Die Manipulationen, die Sie hier erwarten, sind so offensichtlich und gleichzeitig so verwirrend, dass man sie bereits an dieser Stelle schon als subtil bezeichnen kann. Was diese aber auf jeden Fall in Ihnen erzeugen werden, ist das Gefühl großer Verwirrung, denn Ihre bisherige Realität, Ihre Werte und Normen, werden hier einfach auf den Kopf gestellt und vom Tisch gefegt. In dieser Phase des Gaslighting werden vom Narzissten nicht nur eine Menge wertvoller Informationen gesammelt, sondern es entsteht bereits das Fundament für eine vollkommen neue Realität, in der Sie in Zukunft leben müssen.

Diese Phase endet spätestens dann, wenn der Narzisst es geschafft hat, Sie mindestens auf emotionaler Ebene von sich abhängig zu machen, und wenn Sie ihm vollkommen vertrauen.

Phase 4: „Wir beide allein gegen die Welt!"

In dieser Phase wird es langsam ernst, denn nun beginnt der Narzisst damit, sein Opfer so weit zu bringen, dass er es ganz für sich allein hat, indem er es dazu bewegt, alle sozialen Kontakte, die es bisher hatte, aufzugeben. Da es sich bei den Opfern von Narzissten immer um Menschen mit entsprechender Vorbelastung handelt, die ohnehin nicht über ein besonders stabiles, soziales Netzwerk verfügen, hat er hier relativ leichtes Spiel. Jetzt kann er sich alles zunutze machen, was er in Phase drei über sein Opfer herausgefunden hat.

So werden zum Beispiel frühere Streitigkeiten mit der Familie oder mit Freunden thematisch immer wieder vom Narzissten aufgegriffen. Dabei spielt er die strittigen Angelegenheiten immer weiter hoch, betont die Ungerechtigkeiten gegenüber seinem Opfer und hetzt es regelrecht auf. Er schreckt an dieser Stelle auch nicht davor zurück, die Geschichte ein wenig umzuschreiben. Manche Narzissten beherrschen diese Art der Manipulation so gut, dass es ihnen gelingt, auf diese Art ein Ereignis vollkommen neu zu erschaffen und ihre Opfer glauben zu lassen, es wäre tatsächlich so gewesen. Auch dies möchte ich wieder an einem Beispiel verdeutlichen.

Stellen Sie sich für dieses Beispiel bitte vor, Sie hätten ein Familienmitglied, sagen wir, eine Schwester, die Sie häufig ausnutzt. Diese Schwester hat vielleicht eine kleine Familie, ein paar Kinder und einen Ehemann, der viel arbeitet. Sie selbst sind noch nicht verheiratet und waren bisher Single.

Diese Schwester erwartet nun von Ihnen, dass Sie regelmäßig auf die Kinder aufpassen, damit sie selbst mehr Zeit für sich hat. Bei dieser Gelegenheit bindet sie Sie auch gleich noch für die Erledigung der Einkäufe und der Hausarbeit ein. Sie betrachtet es als Selbstverständlichkeit, dass Sie immer da sind, sobald sie nach Ihrer Hilfe verlangt, doch wenn Sie im Gegenzug einmal etwas benötigen, redet Sie sich meist heraus.

Bisher haben Sie das zwar als störend, belastend und ungerecht empfunden und sich dementsprechend regelmäßig bei Ihren Vertrauten – natürlich auch dem Narzissten – darüber beschwert. Dennoch lieben Sie Ihre Schwester und besonders die Kinder, mit denen Sie sehr gerne Zeit verbringen.

Der Narzisst wird dieses Thema nun zunächst immer wieder auf den Tisch bringen, besonders gerne in Gegenwart seiner eigenen Freunde. Auf diese Art fällt es weniger auf, denn er erzählt ja nur seinen Freunden davon, wie unverschämt Ihre Schwester sie ausnutzt. Jedes Mal, wenn er die Geschichte erzählt, wird er sie dabei ein klein wenig aufbauschen. So bittet Ihre Schwester Sie in der Realität vielleicht einmal die Woche um Hilfe mit den Kindern, was beim ersten Wiederaufgreifen der Geschichte dann in seiner Frequenz gleich verdoppelt wird, auf zweimal die Woche. Da Sie selbst ja ein wenig wütend sind auf Ihre Schwester, werden Sie sich an dieser Stelle noch nicht einmal gestört fühlen durch diese Übertreibung. Wenn sie Ihnen überhaupt auffällt, gibt es Ihnen nämlich eher das Gefühl, der Narzisst würde sich wirklich um Sie sorgen und hätte deswegen übertrieben.

Doch mit jedem Mal, in dem das Thema neu aufgegriffen wird, steigt die Frequenz der Gefallen, um die Ihre Schwester Sie bittet, an. Irgendwann erzählt der Narzisst, sie würde täglich etwas von Ihnen verlangen, sie würde im Gegenzug nie selbst aushelfen, etc.

Wenn Sie an dieser Stelle dann widersprechen und versuchen, das Gesagte richtig zu stellen, wird er sehr besorgt und liebevoll reagieren und Sie darauf hinweisen, dass Sie endlich damit aufhören sollten, das Unrecht, was Ihnen angetan wird, immer herunterzuspielen. Es wäre doch an der Zeit, der Wahrheit endlich ins Auge zu blicken.

Da er dies in der Inbrunst der Überzeugung hervorbringt und dabei auch noch offensichtlich nur Ihr Wohlergehen im Kopf hat, ist es Ihnen gar nicht mehr möglich, zu widersprechen. Würden Sie dies nämlich jetzt noch tun, würde der Narzisst als Reaktion in die vulnerable Form switchen und mit Liebes- oder Kontaktentzug reagieren. Er wäre unendlich enttäuscht von Ihnen und würde Sie das sehr deutlich spüren lassen. Sie wüssten dies in dieser Phase aber bereits instinktiv, weshalb Sie eher nichts dazu sagen oder ihm sogar noch zustimmen würden.

Der nächste Schritt, den der Narzisst dann unternimmt, wird noch weit perfider. Wenn er es erst einmal geschafft hat, Sie gegen Ihre Schwester aufzuhetzen, indem er Ihre anfänglich gar nicht so große Wut ordentlich geschürt hat, wird er alles daran setzen, diese zu provozieren. Er wird anfangen, sie offen anzugreifen, was natürlich nur aus Liebe oder Freundschaft geschieht, da er ja einfach nicht mit ansehen kann, wie man mit Ihnen umgeht. Worum es ihm dabei wirklich geht, ist aber etwas ganz anderes als Ihr Wohlergehen. Er möchte es so weit treiben, dass Ihre Schwester irgendwann eine Entscheidung von Ihnen verlangt: sie oder der Narzisst. Bis dies soweit ist, stehen Sie aber schon in einer relativ engen Bindung zu dem Narzissten und Ihre Gefühle für Ihre Schwester sind inzwischen stark verfälscht worden. Sie sind nicht mehr in der Lage, die Situation objektiv zu betrachten.

Wenn Sie nun noch dem Narzissten davon erzählen, was Ihre Schwester da von Ihnen verlangt – und das werden Sie! –, hat er Sie da, wo er Sie die ganze Zeit haben wollte. Jetzt kann er seine Trümpfe ausspielen und Ihnen klar machen, dass er doch die ganze Zeit Recht hatte! Sie wären Ihrer Schwester doch vollkommen egal und sie würde Sie nur benutzen, denn sonst würde sie wohl kaum von Ihnen verlangen, dass Sie sich zwischen ihr und dem Menschen, der Sie als Einziger liebt oder Ihr einzig wahrer Freund ist, zu entscheiden!

Der Fall ist somit klar und der Narzisst muss gar nicht mehr viel tun, damit Sie wissen, was in dieser Situation das einzig Richtige ist und für wen Ihre Entscheidung ausfällt. Immerhin meint er es ja offensichtlich als Einziger gut mit Ihnen und niemand versteht Sie so, wie er es tut. „Wir beide allein gegen die Welt", lautet von nun an die Devise, denn dieses Spielchen werden Sie in Phase vier mit jedem einzelnen Menschen durchspielen, der zu Ihrem eigenen, sozialen Netzwerk gehört.

Die Familie wird dabei immer zuerst und besonders gründlich aufs Korn genommen. Der Narzisst erschafft hier Fronten zwischen Ihnen und Ihren Angehörigen, die kaum noch zu überbrücken sind. Anschließend werden Ihre Freunde einer nach dem anderen vertrieben und dabei hat der Narzisst noch einige weitere Spielmöglichkeiten in seinem Repertoire.

So wird er Geschichten darüber erfinden, dass er zufällig mitbekommen hat, wie einer Ihrer Freunde sehr schlecht über Sie gesprochen oder sich hinter Ihrem Rücken über Sie lustig gemacht hat. Die Freunde des

Narzissten werden dabei gerne mit einbezogen, indem Sie diese Geschichten bestätigen oder sogar noch ausbauen und vertiefen. Und bitte versuchen Sie gar nicht erst, jemals Ihre Freunde einzuladen, wenn der Narzisst anwesend ist, denn damit machen Sie ihm ganz leichtes Spiel. Es wird ihm in diesem Fall nämlich ein wahres Vergnügen sein, durch seine Gestik und Mimik absolut unmissverständlich klar zu machen, was er von Ihren Freunden hält und dass diese in seinen Augen nicht willkommen sind.

Sollten Ihre Freunde davon nicht bereits genug haben, einfach gehen und auch Ihrerseits keinen Kontakt mehr suchen, wird er Streit zwischen Ihnen und Ihren Freunden provozieren.

Dabei stellt er sich dann vollkommen auf Ihre Seite, tritt für Sie ein, verdreht Tatsachen und bauscht die Dinge übertrieben auf. Narzissten sind wahre Meister in diesem Spiel und wenn ein Narzisst Ihre Freunde dazu bringt, Sie wie Ihre Schwester vor die Wahl zu stellen, hat er wieder gewonnen. Am Ende von Phase vier, die im Normalfall maximal ein Jahr andauert, sind Sie ganz allein und Ihr einziger sozialer Kontakt besteht nur noch aus dem Narzissten selbst. „Wir beide allein gegen die Welt!"

Phase 5: Gehirnwäsche

In dieser Phase hat der Narzisst es auf zwei Dinge abgesehen: Ihr Selbstbild und Ihre Wahrnehmung. Er wird nun damit beginnen, beides gewissermaßen aufzubrechen und neu zu definieren. Dabei wird er nicht mehr besonders subtil vorgehen, da Sie inzwischen in einem hohen Maße von ihm abhängig geworden sind und ohnehin keine Chance mehr haben, die neuen Glaubenssätze, die er Ihnen einprägt, irgendwie auf ihre Richtigkeit zu überprüfen.

Sie sind ihm von nun an auf Gedeih und Verderb ausgeliefert. Dies gilt in besonderem Maße, wenn Sie mit dem Narzissten in einer partnerschaftlichen Beziehung leben, denn um Sie vollständig neu zu prägen, ist es erforderlich, dass Sie mit dem Narzissten zusammenleben. Natürlich besteht diese Möglichkeit auch in einer Freundschaft, wenn man in Form einer WG zusammenlebt, ich möchte an dieser Stelle nur eines klar herausstellen: Je enger die Beziehung zum und das Zusammenleben mit dem Narzissten ist und je weniger Ausweichmöglichkeiten gegeben sind, desto umfassender wird die nun folgende Gehirnwäsche ausfallen.

Mit dem umschmeichelnden und besorgten Verhalten des Narzissten ist es nun vorbei, er wird von jetzt an kein gutes Haar mehr an Ihnen lassen und nichts, was Sie je tun, wird noch das Richtige sein. Er wird Ihr Verhalten kritisieren, Ihre Interessen und Neigungen, Ihre persönlichen Charaktereigenschaften.

Alles, was Sie persönlich betrifft, wird er als falsch hinstellen, und er hat es dabei besonders auf die Dinge abgesehen, von denen Sie bisher geglaubt haben, Sie wären gut darin. All Ihre Talente, Fähigkeiten und Interessen, in denen Sie sich bisher am meisten hervorgetan haben, werden von ihm zunichte gemacht. Sie sind einer 24/7-Kritik ausgesetzt und haben keinerlei Gegenstimmen mehr, die Ihnen helfen könnten, diese Dauerkritik anzuzweifeln. Die Methodik, mit der der Narzisst hier vorgeht, lässt Ihnen nicht einmal eine Pause zum Nachdenken, ganz genau wie bei einer Gehirnwäsche.

Um zu verdeutlichen, wie das abläuft, möchte ich Ihnen hier einmal einen möglichen Tagesablauf – am Wochenende – mit einem narzisstischen Partner ausmalen, der in dieser Phase stattfindet. Bedenken Sie bitte, dass Sie bereits zu Beginn dieser Phase psychisch relativ angeschlagen sein werden. Sie haben den Kontakt zu all Ihren Freunden und Familienmitgliedern verloren und glauben, dass diese Sie hassen. Zudem gab es bereits regelmäßig auftretende, körperliche Gewalt, die gegen Sie gerichtet wurde.

Es liegt also von nun an besonders in Ihrem Interesse, es zumindest Ihrem Partner recht zu machen und mit ihm eine harmonische

Beziehung zu leben. Sie stehen also morgens ein wenig früher auf und machen das Frühstück, um Ihrem Partner zu zeigen, wie sehr Sie ihn lieben und wertschätzen. Er wird dies jedoch nicht nur hinnehmen, als wäre es das Selbstverständlichste auf der Welt, sondern das Essen, das Sie zubereitet haben, auch noch als ungenießbar hinstellen.

An dieser Stelle nutzt er vielleicht bereits die erste Gelegenheit des Tages, einen Streit zu provozieren und Sie ausgiebig zu beschimpfen. Sie müssen sich nun anhören, dass Sie nichts richtig machen und noch nicht einmal ein einfaches Frühstück zubereiten können.

Sie können sich nun leider auch nicht mehr richtig vorbereiten, denn egal, ob Sie nun verletzt reagieren und diese Gefühle zeigen oder ob Sie versuchen, sich zu verteidigen, und möglicherweise zum Gegenangriff übergehen, er wird jetzt explodieren und zu körperlicher Gewalt greifen, um Sie zu brechen. Was Narzissten überhaupt nicht ertragen können, sind Tränen, dennoch provozieren sie diese geradezu.

Wenn er Sie so weit gebracht hat, dass Sie weinen, wird er mit eisiger Stimme und unter Androhung von Gewalt verlangen, dass Sie sofort damit aufhören. Dann kommt der nächste Wutausbruch, in dem er darauf herumreitet, dass Sie den Haushalt nicht ordentlich führen. Da Sie es mittlerweile mit der Angst zu tun bekommen, werden Sie ohne weitere Diskussion sofort damit beginnen, sich den täglichen Aufgaben im Haushalt zu widmen, während der Narzisst sich in aller Ruhe den Dingen zuwendet, die er am liebsten tut. Wenn Sie damit fertig sind, wird sich die Luft wieder geklärt haben und er wird sich verhalten, als wäre all das nie geschehen.

Er möchte nun Zeit mit Ihnen verbringen, vielleicht unterhalten Sie sich ein wenig oder schauen einen Film zusammen. Ihr Gespräch wird nun sehr schnell wieder auf all Ihre Fehler gelenkt, diesmal jedoch in einer verständnisvollen Art und Weise. Dabei wird er betonen, was für ein furchtbarer Mensch Sie zwar eigentlich sind, mit all Ihren Fehlern und

Defiziten, wie sehr er Sie aber unabhängig davon trotzdem liebt. Abschließen wird er das Gespräch dann mit der Aufforderung an Sie, das Essen zuzubereiten, und sein Ton wird dabei keinerlei Widerspruch dulden.

Sobald sie nun eine Weile in der Küche stehen und mit dem Kochen beschäftigt sind, wird er Ihnen dort einen Besuch abstatten und natürlich alles bemängeln. Die Art und Weise, wie Sie das Essen zubereiten, wird so falsch sein, dass es ungenießbar ist, und er wird möglicherweise sogar so weit gehen, das Essen wegzuwerfen und sich beleidigt zurückzuziehen, um Sie für die nächsten Stunden wie Luft zu behandeln.

Sie werden inzwischen so verunsichert sein, dass Sie gar nicht mehr wissen, wie Sie sich verhalten sollen, und würden am liebsten die Wohnung verlassen, doch es gibt niemanden mehr, zu dem Sie gehen könnten. Also versuchen Sie, sich so gut es geht unsichtbar zu machen, um Ihren Partner nicht noch mehr zu reizen. Irgendwann wird dieser genug von seinem Spielchen haben, aufstehen und selbst etwas zu Essen machen, aber nur für sich allein.

Dies wird er dann mit großer Genugtuung vor Ihren Augen zu sich nehmen und dabei ein paar Bemerkungen fallen lassen, dass Sie noch viel lernen müssen und er Ihnen wohl erst beibringen muss, wie man richtig kocht und den Haushalt führt.

Wenn Sie nun versuchen, sich zu verteidigen, indem Sie zum Beispiel anmerken, dass sich vor ihm noch niemand über Ihre Kochkünste oder Ihre Haushaltsführung beschwert hat oder dass Ihre Freunde und Familie sogar der Meinung waren, Sie wären ein guter Koch, wird er Sie nur mit aufgerissenen Augen ansehen und den Kopf schütteln.

Dann wird er Sie daran erinnern, dass diese Menschen doch nie ehrlich zu Ihnen waren und Sie nicht einmal leiden konnten. Sie sollten doch besser seinem Urteil vertrauen, denn er wäre als einziger immer ehrlich mit Ihnen. Schließlich ist er doch der Einzige, der Sie wirklich liebt. Er wird wieder die Gelegenheit nutzen, Ihnen klar zu machen, wie „unliebbar" Sie in Wahrheit sind, und betonen, dass er als einziger dazu in der Lage ist, Sie bedingungslos zu lieben.

Auf die gleiche Weise wird auch der Rest des Tages verlaufen, der Narzisst wird Sie einem ständigen Wechselbad der Stimmungen und Gefühle aussetzen. Er wird Sie kritisieren und klein machen, nur, um Sie anschließend wieder liebevoll aufzubauen.

Wenn Sie am Abend ins Bett gehen, werden Sie nicht mehr wissen, was Sie noch glauben können oder sollen und da es die sicherste Alternative ist, entscheiden Sie sich, Ihrem Partner zu vertrauen. Immerhin ist er der einzige Mensch, der noch an Ihrer Seite ist und zu Ihnen steht und Sie wollen Ihn nicht auch noch verlieren. Wenn Sie ein paar Wochen dieser Art hinter sich gebracht haben, werden Sie in der Lage sein, seine Stimmungen und Wünsche perfekt vorauszuahnen und sich zumindest die meiste Zeit so zu verhalten, dass er halbwegs zufrieden ist und Sie wenigstens in Ruhe lässt. Sie halten sich inzwischen selbst für wertlos, glauben, immer alles falsch zu machen, sind ständig auf der Hut und fühlen eine dauerhafte nervöse Unruhe.

Diese Unruhe wird zu Ihrem ständigen Begleiter werden, solange, bis Sie sie bewusst gar nicht mehr wahrnehmen. Stattdessen werden Sie von Tag zu Tag mehr Dankbarkeit dafür empfinden, dass Sie diesen Menschen gefunden haben und er so geduldig ist, Sie Tag für Tag zu ertragen.

Wenn Sie dieses Stadium erreicht haben, wird der nächste Teil der Gehirnwäsche eingeleitet, es geht dem Narzissten nun darum, dass Sie auch Ihrer Wahrnehmung nicht mehr vertrauen. Dafür stehen ihm zahlreiche Möglichkeiten zur Verfügung, einige sind sehr subtil, andere mehr als grob oder sogar brutal. Doch sie alle haben eines gemeinsam: Sie werden keinerlei Möglichkeit haben, das, was Ihnen eingeredet wird, auf seinen tatsächlichen Wahrheitsgehalt hin zu überprüfen. Deshalb werde ich auch hierfür wieder einige Beispiele schildern, wie der Narzisst vorgeht, um Sie glauben zu lassen, dass Sie nicht einmal auf Ihre Wahrnehmung vertrauen können und somit als Mensch ohne ihn vollkommen hilflos sind.

Die Betonung liegt dabei auf hilflos ohne ihn, den narzisstischen Partner, denn all das hat ja nur einen einzigen Sinn: Er will Sie unwiderruflich an sich binden, Sie sollen ihn auf keinen Fall verlassen können und sein Leben für immer so angenehm wie möglich machen.

Zunächst werde ich einige Beispiele schildern, die nur anwendbar sind, wenn sie und der Narzisst zusammenleben, das Prinzip an sich ist jedoch vielseitig anwendbar, auch ohne gemeinsame Wohnsituation. Stellen Sie sich vor, Ihr narzisstischer Partner würde sehr akkurat darauf achten, Strom zu sparen, und hätte dafür die Regel aufgestellt, dass das Licht nur in den Räumen brennen sollte, in denen sich jemand aufhält. Sie werden es nun immer häufiger erleben, dass er den Raum verlässt, um zum Beispiel zur Toilette zu gehen, und Sie, wenn er zurückkommt, darauf hinweist, dass Sie das Licht angelassen hätten.

Sie können sich natürlich nicht daran erinnern, sind sich sogar sicher, dass Sie es bei Ihrem letzten Verlassen des Badezimmers gelöscht haben, doch er besteht darauf, dass Sie es vergessen haben müssen. Wenn er mit diesen Spielchen beginnt, wird er zunächst amüsiert reagieren und scherzhafte Bemerkungen darüber machen, ob Sie vielleicht an einem Frühstadium von Alzheimer leiden. Doch er wird das Ganze noch viel weitertreiben. Immer öfter werden Sie nun auch selbst feststellen, dass er scheinbar vergessen hat, das Licht in einem anderen Raum nach Verlassen auszumachen.

Wenn Sie ihn darauf hinweisen, wird er abstreiten, dass er überhaupt in diesem Zimmer gewesen sei, und behaupten, er hätte seit Stunden den Raum nicht verlassen. Stattdessen wird er behaupten, Sie selbst wären doch erst vor Kurzem in diesem Raum gewesen, ob Sie sich daran nicht erinnern könnten? Dann wird er Sie wieder besorgt ansehen. Wenn Sie an dieser Stelle versuchen, zu widersprechen, wird er mit hoher Wahrscheinlichkeit mit einem seiner Wutausbrüche reagieren, was Sie allerdings schon an seinem Blick erkennen können. Aus diesem Grund belassen Sie es dabei, fangen jedoch langsam an, an Ihrem Verstand zu zweifeln. Ihnen will einfach kein Grund einfallen, warum er Sie absichtlich so hinters Licht führen sollte, denn was hätte er schließlich davon?

Kein halbwegs vernünftiger Mensch würde mit seinem Partner solche Spielchen treiben. Also bleibt Ihnen nur die Schlussfolgerung, dass Sie möglicherweise tatsächlich etwas durcheinander und vergesslich geworden sind. Je länger er dieses Spielchen mit dem Licht mit Ihnen treibt, desto mehr werden Sie darauf konditioniert sein, sich selbst genauestens zu beobachten. Dabei können Sie nicht gewinnen und am Ende nur eines feststellen: Sie können sich selbst nicht mehr vertrauen.

Es gibt noch zahlreiche andere Varianten dieser Technik, um Sie an sich selbst und Ihrer Wahrnehmung zweifeln zu lassen. Möglicherweise beginnt der Narzisst damit, Dinge, die immer einen festen Platz hatten, plötzlich an anderen Orten abzulegen. Dann hat er zwei Möglichkeiten, Sie verrückt zu machen.

Entweder beginnt er, danach zu suchen, und fragt Sie nach kurzer Zeit ziemlich ungehalten, wo Sie den Gegenstand platziert haben. Wenn Sie dann antworten, dass er an seinem gewohnten Platz sei, wird er ungehalten reagieren und antworten, dass er dann wohl nicht gefragt hätte. Sie werden nun beginnen, gemeinsam mit ihm zu suchen, und je länger diese Suche dauert, desto mehr wird sich seine Laune verschlechtern.

Wenn der Gegenstand endlich gefunden wurde, werden Sie alles tun, um seine Stimmung wieder aufzubessern, und von nun an sehr genau darauf achten, alles dorthin zu räumen, wo es hingehört. Doch die Situation wird sich von nun an ständig wiederholen, mit den verschiedensten Gegenständen. Die zweite Möglichkeit, die von ihm verlegten Gegenstände zu nutzen, um Sie an sich zweifeln zu lassen, sieht wie folgt aus. Er wartet, bis Sie danach suchen, und verhält sich dann entweder genauso wie beim ersten Beispiel oder er hat den Gegenstand heimlich entsorgt und behauptet nun einfach, Sie hätten diesen nie besessen.

Wenn Sie darauf bestehen, dass Sie sicher wüssten, dass es anders sei, wird er Sie wieder zweifelnd und besorgt ansehen. In diesem Fall sollten Sie spätestens an dieser Stelle nachgeben, würden Sie weiterhin auf Ihre eigene Wahrnehmung bestehen, wäre ein erneuter Wutausbruch unvermeidlich.

Wie Sie sehen, sind der Fantasie des Narzissten bei diesem „Spiel" keine Grenzen gesetzt und Sie haben nicht die geringste Chance, hier zu gewinnen. Solange Sie nicht einmal wissen, was hier eigentlich gespielt wird, werden Sie in jedem Fall immer stärker an sich zweifeln und mehr und mehr dazu neigen, ihm bei jeder Gelegenheit recht zu geben. Dies werden Sie auch dann tun, wenn Sie selbst erhebliche Zweifel daran haben. Sie haben nur schlicht und einfach gelernt, dass er ohnehin immer recht behält und es einfach gesünder ist, ihn zu bestätigen.

Bis jetzt habe ich nur die „harmlose" Variante der Irreführung beschrieben, die Narzissten nutzen, um Sie zu verunsichern. Harmlos deshalb, weil diese ohne körperliche Gewalt auskommt. Doch auch die nun folgenden Beispiele werden Sie in der einen oder anderen Form erleben, wenn Sie mit einem Narzissten zusammenleben.

Die erste Methode, die ich zu beschreiben gedenke, wird Sie aus heiterem Himmel treffen, denn der Narzisst wird dafür eine Situation wählen, in der Sie sich absolut sicher fühlen und die Stimmung zwischen Ihnen gut ist. Dafür wird er darauf warten, dass Sie ihm den Rücken zuwenden, möglicherweise laufen Sie gerade vor ihm durch den Raum. Nun wird er Sie hart zu Fall bringen, zum Beispiel, indem er Ihnen von hinten in die Kniekehlen tritt. Sie werden den Tritt zwar deutlich spüren, bevor Sie fallen, doch sehen können Sie es natürlich nicht. Es kommt aber noch schlimmer:

Sobald Sie auf dem Boden liegen, wird er voller Besorgnis zu Ihnen stürzen: „Oh mein Gott, was machst du denn, wieso fällst du einfach hin? Ist dir schwindelig geworden? Geht es dir gut?“. Er wird die Fürsorglichkeit in Person sein und sich so liebevoll um Sie kümmern, dass Sie vollkommen verwirrt sein und sofort in Frage stellen werden, dass er Sie getreten und zu Fall gebracht hat.

Welchen Sinn würde das auch ergeben? Vor allem in Anbetracht seiner Reaktion auf Ihren Sturz. Sie müssen sich das Ganze eingebildet haben. Möglicherweise wird er diesen Trick sogar vor Zeugen durchziehen, die dann natürlich seine Freunde sind und seine Version der Geschichte bestätigen. In diesem Fall wird Ihre Verwirrung selbstverständlich nur noch verschlimmert. Es gibt zahlreiche Möglichkeiten, wie der Narzisst einen Unfall provozieren kann, von dem er später behaupten wird, dass es Ihre alleinige Schuld gewesen sei. Er wird es aber auf jeden Fall so inszenieren, dass Sie nicht einmal die Gelegenheit bekommen, ihn zu beschuldigen, da er Ihnen direkt im Anschluss so liebevoll und besorgt zur Seite steht, was vollkommen im Widerspruch zu ihm als eigentlichen Auslöser des Geschehens steht.

Eine andere Form der gewaltvollen Verunsicherung wird Ihnen auf jeden Fall passieren und möglicherweise haben Sie dies auch schon erlebt. Mit einem narzisstischen Partner lassen sich Streit und gewaltvolle Auseinandersetzungen nämlich niemals vollständig verhindern, egal, wie gut Sie gelernt haben, zwischen den Zeilen zu lesen, seine Stimmungen zu interpretieren und vorherzuahnen.

Narzissten sind unberechenbar und meist genügt ein falsches Wort, damit die Fetzen anfangen, zu fliegen. Dabei provoziert er Sie absichtlich so, dass Sie sich verbal wehren müssen, und dies nutzt er schließlich, um zuzuschlagen. Doch als würde dies nicht schlimm genug sein, tut er auch das mit System. Egal, wie sehr er in Rage ist und wie unkontrolliert er auch gerade wirken mag, in Wahrheit verliert er nie die Kontrolle.

Darüber hinaus weiß er sehr genau, wohin er Sie schlagen muss, damit es möglichst lange schmerzt, aber keinerlei Spuren hinterlässt. Feste Muskelstränge, zum Beispiel die Oberarme und Oberschenkel, bieten sich hierfür besonders an, ein fester Schlag auf eine dieser Körperpartien führt meist zu einem Muskelfaserriss. Dieser verursacht Ihnen wochenlange, starke Schmerzen, hinterlässt jedoch keine sichtbaren Spuren.

Nachdem er sich an Ihnen abreagiert hat, wird er Sie links liegen lassen und mit Nichtachtung bestrafen, mindestens einige Stunden lang. Dann wird er sich plötzlich wieder völlig normal verhalten, so, als hätte Ihr Streit niemals stattgefunden. Er wird Sie vielleicht etwas fragen oder sich einfach zu Ihnen setzen und sich mit Ihnen unterhalten wollen.

Da Sie noch immer Schmerzen und Angst haben, werden Sie ihn vermutlich fragen, warum er Sie geschlagen hat, ob das wirklich notwendig gewesen wäre. Sie werden versuchen, die Sache anzusprechen und vernünftig zu klären, denn ein letzter Rest Selbstachtung ist Ihnen bis hierhin noch geblieben. Doch seine Reaktion wird aus einer Mischung von Verwunderung und erneuter Wut bestehen, denn er wird sich weder daran erinnern können, dass Sie einen Streit hatten, noch, dass er Sie jemals geschlagen hätte.

Da seine Schläge niemals Spuren hinterlassen, haben Sie leider auch keinen Beweis, um auf Ihrem Standpunkt zu beharren. Zudem werden Sie an seiner Reaktion deutlich spüren können, dass es besser ist, das Ganze ruhen zu lassen, um nicht das Gleiche noch einmal zu erleben.

Phase 6: Neuen Alltag etablieren und auf Einhaltung der neuen Regeln achten

Wir sind nun in der letzten Phase des Gaslighting angelangt, die eigentlich keine richtige Phase mehr ist, sondern Ihr neuer Alltag sein wird. Sie sind jetzt zum selbstlosen Wunscherfüller des Narzissten geworden, bestens darauf trainiert, jederzeit vorauszuahnen, was im nächsten Moment von Ihnen erwartet wird. Doch denken Sie bitte nicht, dass die Spielchen aus den vorangegangenen Phasen damit enden, diese werden lediglich in ihrer Häufigkeit reduziert.

Es können nun Wochen oder sogar Monate vergehen, in denen alles ruhig verläuft und es Ihnen gelingt, den Narzissten nicht wütend zu machen. Doch eines Tages wird er wie aus heiterem Himmel wieder damit anfangen, Sie mit Versteckspielchen zu verunsichern, Ihre Wahrnehmung in Frage zu stellen oder Streit zu provozieren, um seine Dominanz und Macht zu demonstrieren. Von nun an müssen Sie auch mit regelmäßigen Demütigungen vor seinen Freunden rechnen, zum Beispiel, indem er Sie regelrecht als Dienstpersonal vorführt und Ihnen dabei neue Kosenamen wie „Schlampe" verleiht.

Er wird außerdem mit Argusaugen darüber wachen, dass Sie in ruhigen Phasen nicht plötzlich anfangen, nachlässig zu werden oder sich zu sicher zu fühlen. Dabei gibt es nichts, was Sie tun können, um zu vermeiden, dass Sie irgendwann entweder tatsächlich einen Fehler machen oder er die Dinge einfach einmal wieder so hinstellt, als hätten Sie dies getan.

Es gehört einfach zu dieser Art der Manipulation, dass das Opfer sich niemals sicher fühlen darf und deshalb regelmäßig daran erinnert werden muss, wo sein Platz ist. Sie leben also von nun an in einer vollkommen unberechenbaren Welt voller Verwirrung und Grausamkeit, doch einen Ausweg werden Sie nicht finden. Der Narzisst wird niemals zulassen, dass Sie sich neue soziale Kontakte aufbauen, dies wird er mit allen ihm zur Verfügung stehenden Mitteln kontrollieren. Er wird Sie überwachen und an der kurzen Leine halten.

Dies bedeutet jedoch nicht, dass Sie das Haus nicht mehr verlassen werden, denn immerhin braucht der Narzisst Sie für alles, was er selbst nicht tun möchte: Arbeiten, Behördengänge erledigen, Einkaufen und alles, was mit dem Verlassen des Hauses zu tun hat.

Er selbst wird das Haus nur noch verlassen, um sich angenehmen Freizeitbeschäftigungen zu widmen. Dabei wird er Sie entweder mitnehmen, um Sie überwachen zu können, oder er gibt Ihnen so viele Aufgaben für die Zeit seiner Abwesenheit, deren Erledigung er selbstverständlich nach seiner Rückkehr kontrollieren wird, dass Ihnen keine Zeit bleibt, selbst etwas zu unternehmen. Die einzige Abwechslung, die Ihnen vom Narzissten bleibt, wird die Arbeit sein und schon bald werden Sie sich wünschen, Sie könnten an Ihrem Arbeitsplatz leben.

Doch nicht einmal die kleinste Verspätung Ihrerseits nach der Arbeit wird vom Narzissten geduldet. Ihnen bleibt keine Wahl, als die Scheuklappen aufzusetzen, Ihre neue Realität zu akzeptieren und alles duldsam über sich ergehen zu lassen.

Dabei werden Sie sich von Tag zu Tag erneut einreden, dass Ihre Lebensumstände vollkommen normal seien, dass er schließlich auch nur äußerst selten handgreiflich würde und es, wenn dies geschieht, allein Ihre Schuld wäre. Schließlich provozieren Sie ihn ja immer wieder.

Im Grunde hat er doch so viel Geduld mit Ihnen und all Ihren Fehlern, wer könnte ihm da verdenken, wenn es ihm auch einmal zu viel wird? Sie werden Meister darin, Ausreden zu finden, warum er der beste Partner überhaupt ist und Sie sich glücklich schätzen können. Selbst in Momenten, in denen Sie vor Wut auf ihn nicht mehr ein und aus wissen, finden Sie sehr schnell wieder zurück in diese Mentalität. Letztendlich bleibt Ihnen ja auch keine Wahl, Sie haben längst den Bezug zu dem verloren, was tatsächlich normal ist, und wer sollte Ihnen dies schließlich noch bewusst machen?

ANDERE BEZIEHUNGSFORMEN MIT NARZISSTISCHER BETEILIGUNG

Wenn Ihnen die vorangegangene Schilderung des Gaslighting eher wie ein Gruselroman erschienen ist als eine tatsächlich mögliche Realität, haben Sie offensichtlich das Glück, nicht in einer so starken Abhängigkeit zu einem Narzissten zu leben. Schließlich gibt es noch andere Beziehungsformen, der Narzisst könnte ein mehr oder weniger enger Verwandter sein, ein Kollege oder Vorgesetzter, ein Freund oder Bekannter.

Möglicherweise lesen Sie dieses Buch auch, weil jemand, der Ihnen nahesteht, an einen Narzissten geraten ist und Sie unsicher sind, ob und wie Sie helfen können. Deshalb werden wir uns jetzt auch mit allen anderen möglichen Formen der Beziehung kurz auseinandersetzen. Doch sollten Sie sich eines bewusst machen, Gaslighting wird von pathologischen Narzissten immer als bevorzugtes Mittel der Wahl eingesetzt, um das persönliche Umfeld so gut wie möglich zu kontrollieren.

Allerdings müssen Sie eine weitere Tatsache bedenken: Für pathologische Narzissten gibt es nur drei Kategorien, in die sie Menschen einteilen. Bei der ersten Kategorie handelt es sich um Menschen, die der Narzisst aufgrund der gegebenen Umstände so vollständig wie möglich unter seine Kontrolle bringen kann.

Diese sind dem Narzissten mit Sicherheit am wichtigsten und liebsten und er wird alles tun, diese Personen auch unter seiner Kontrolle zu behalten. Schließlich handelt es sich dabei um jene Menschen, die für eine gemeinsame Lebens- und Wohnsituation und die hauptsächliche Bedürfnisbefriedigung des Narzissten benötigt werden. Bei der zweiten Kategorie handelt es sich um Menschen, die für den Narzissten zwar keine direkte Bedrohung darstellen – die er also grundsätzlich als manipulierbar und damit brauchbar einstuft –, die er aber aufgrund der Umstände nicht vollständig kontrollieren kann.

Dieser Personenkreis hat für den Narzissten dennoch einen großen Nutzen, denn diese Menschen lassen sich ausreichend kontrollieren, um bei der Manipulation seiner eigentlichen Opfer als Mittel zum Zweck zu dienen. Darüber hinaus wird er sich keine Gelegenheit entgehen lassen, sich selbst auf Kosten dieser Menschen zu erhöhen. Dafür greift er zu demütigenden Verhaltensweisen, die von dieser Personengruppe hingenommen werden und ihm so das Gefühl von Macht und Erhabenheit verleihen.

Die dritte Kategorie Mensch sind all jene Personen, die der Narzisst als direkte oder indirekte Bedrohung einstuft. Es handelt sich um Menschen, die nicht angreifbar oder manipulierbar sind, weil sie über ein zu starkes Selbstbewusstsein verfügen.

Oft sind es auch Angehörige oder Freunde der Personen, die der Narzisst ganz für sich allein haben will. Diese Menschen werden mit Hilfe der bereits beschriebenen Methoden des Gaslighting aus seinem Leben und dem seines Opfers entfernt. Ist es dem Narzissten aus irgendwelchen Gründen nicht möglich, solche Personen dauerhaft aus seinem Umfeld zu verbannen, wird er sie meiden so gut es geht und bei direkter Konfrontation entweder höchst aggressiv auftreten oder in die vulnerable Form des Narzissmus switchen.

Welche der beiden Möglichkeiten hier in Anspruch genommen wird, hängt einzig davon ab, ob es dem Narzissten gelingt, zumindest kleine Siege gegenüber der Person davonzutragen. Fühlt sich ein Narzisst jemandem nicht gewachsen, dem er auch nicht ausweichen kann, ist der Switch in die Opferhaltung, also in den vulnerablen Narzissten, unausweichlich.

Somit sollten Sie jetzt in der Lage sein, sämtliche Ihrer sozialen Beziehungen auf narzisstische Muster hin zu scannen, denn das Verhaltensrepertoire von Narzissten habe ich nun erschöpfend erklärt. Es bewegt sich grundsätzlich immer in den gleichen Bahnen und Mustern und wird lediglich an die entsprechende Situation angepasst. Deshalb werden wir uns im folgenden Kapitel nun damit beschäftigen, was Sie tun können und sollten, wenn Sie für sich herausgefunden haben, dass ein Narzisst in Ihrem sozialen Umfeld existiert.

Ihr Weg in die Freiheit

Nach allem, was Sie nun über Narzissmus in Beziehungen in Erfahrung gebracht haben, mag es Ihnen vielleicht unmöglich erscheinen, aus einer solchen Beziehung auszubrechen, besonders dann, wenn es sich um eine partnerschaftliche Bindung mit gemeinsamer Wohnsituation handelt. Doch auch andere, nicht so enge Beziehungsformen können die Illusion einer gewissen Unausweichlichkeit erwecken.

Was, wenn der Narzisst in einem engen verwandtschaftlichen Verhältnis zu Ihnen steht oder wenn es sich vielleicht sogar um Ihren Vorgesetzten handelt? Deshalb möchte ich gleich zu Beginn dieses Kapitels eines klarstellen:

Sie allein haben das Recht, darüber zu entscheiden, wie Ihr Leben auszusehen hat und welche Menschen einen Platz darin haben. Ihr eigenes Wohlergehen sollte bei dieser Entscheidung immer an erster Stelle stehen und das hat nicht das Geringste mit Egoismus zu tun! Zunächst einmal können Sie niemandem in Ihrem Leben guttun, wenn es Ihnen selbst nicht gut geht, und gegenüber Menschen, die Gift für Sie und Ihre geistige und emotionale Gesundheit sind, haben Sie keinerlei moralische Verpflichtung. Dies gilt ausnahmslos, auch für Familienmitglieder!

Es spielt dabei auch keine Rolle, was andere Menschen in Ihrem Umfeld möglicherweise von einer Entscheidung für den Rückzug halten. Dies zeigt Ihnen bestenfalls auf, dass es möglicherweise noch mehr Personen gibt, von denen Sie Abstand nehmen sollten. Da Sie dieses Buch lesen, gehe ich davon aus, dass Sie vermutlich bereits erheblich unter narzisstischem Einfluss gelitten haben.

Deshalb halte ich es für unumgänglich, Ihnen an dieser Stelle eine Tatsache ins Gedächtnis zu rufen, die Sie entweder schon lange vergessen oder aber nie erkannt haben: Ihre Lebenszeit ist kostbar und wer einen Platz am Tisch Ihres Lebens hat, sollte sich diesen auch verdienen!

Somit sind sämtliche Gründe, die Ihnen nun möglicherweise einfallen, eine Beziehung zu einem Narzissten nicht zu beenden, nichts weiter als Ausreden. Sie können und dürfen sowohl Familienmitglieder als auch Freunde und Partner verlassen und auch an Ihren Arbeitsplatz sind sie nicht untrennbar gebunden.

Es gibt immer Wege und ich behaupte nicht, dass die Trennung von einem Narzissten einfach wird. Stattdessen möchte ich Sie an dieser Stelle darauf vorbereiten, was Sie im Falle einer Trennung erwartet und wie Sie am besten vorgehen können, um den Schaden für sich möglichst zu begrenzen. Dabei werde ich mich, wie im bisherigen Verlauf des Buches, hauptsächlich auf den Weg aus engen, partnerschaftlichen Beziehungen konzentrieren, diesen werden wir im folgenden Kapitel besprechen.

Für sämtliche andere Bindungsformen, seien es Familie, Freundschaft oder berufliche Verbindungen, gebe ich an dieser Stelle eine allgemeingültige Empfehlung ab.

Gehen Sie ohne Vorwarnung, falls nötig, bereiten Sie alles vor, was Sie tun müssen, um den Narzissten aus Ihrem Leben zu entlassen, achten Sie aber genau darauf, dass er davon nichts mitbekommt. Wenn Sie so weit sind, sagen Sie dem Narzissten klar und deutlich, dass Sie sich aus seinem Leben zurückziehen und keinen Kontakt mehr wünschen.

In den meisten Fällen empfiehlt es sich, dies nicht in einer direkten Konfrontation zu tun, denn in einer solchen würde der Narzisst nur seine Manipulationskünste anwenden, um Sie zum Bleiben zu bewegen. Geben Sie ihm keine Chance dazu, sondern hinterlassen Sie ihm eine Nachricht, sei es als Brief oder in elektronischer Form. Danach blockieren Sie sämtliche Kanäle, auf denen der Narzisst Kontakt zu Ihnen aufnehmen könnte, lassen Sie ihm keine Möglichkeit offen. Seien Sie konsequent, auch wenn er über dritte Personen versuchen sollte, wieder an Sie heranzukommen.

Wenn Sie ihm irgendwo in der Öffentlichkeit begegnen, wechseln Sie sofort die Örtlichkeit, kommt er zu Ihnen nach Hause, ignorieren Sie ihn und öffnen Sie ihm auf keinen Fall die Tür, egal, wie lange er klingelt. Es kann Monate dauern, bis der Narzisst das Ende der Beziehung akzeptiert, manche tun dies jedoch nie.

Doch zumindest wird sich die Frequenz, mit denen eine erneute Kontaktaufnahme versucht wird, mit der Zeit immer mehr verringern. Sollte er sich zum Stalker entwickeln, schrecken Sie bitte auf keinen Fall davor zurück, die Polizei zu involvieren und rechtliche Schritte einzuleiten, um sich selbst zu schützen und um ein deutliches Zeichen zu setzen. Nur so haben Sie die Chance, dass irgendwann einmal so etwas wie Ruhe einkehrt.

Narzissten können mit Zurückweisung überhaupt nicht umgehen und wenn Sie einmal erkennen, dass diese endgültig ist, kann es unter Umständen gefährlich werden. Unterschätzen Sie die mögliche Bedrohung deshalb niemals und leiten Sie alle erforderlichen Maßnahmen zu Ihrem Schutz ein. Aber vor allem: Lassen Sie sich nicht einwickeln, wenn der Narzisst in seine vulnerable Form switcht und Ihnen das Blaue vom Himmel verspricht.

Narzissten sind sehr gute Schauspieler und können leicht den Anschein erwecken, vollkommen einsichtig und geläutert zu sein. Dies ist jedoch niemals mehr als ein Schauspiel. Sobald Sie sich darauf ein- und den Narzissten wieder in Ihr Leben zurücklassen, würde schnell alles wieder beim Alten sein. Berufliche Verbindungen zu Narzissten stellen hier im Normalfall eine absolute Ausnahmeform dar, denn sie sind in der Regel die einzigen narzisstischen Beziehungen, die Sie relativ einfach, gefahrlos und ohne großes Nachspiel verlassen können. Hier gilt es lediglich, sich an eine relativ simple Vorgehensweise zu halten. Ich gehe an dieser Stelle davon aus, dass die Beziehung zu dem Kollegen oder Vorgesetzten, die Sie beenden möchten, sehr problematisch und belastend ist, da ansonsten keine Notwendigkeit bestünde, zu gehen.

Da besonders ein Vorgesetzter jedoch im Falle eines Arbeitsplatzwechsels einen nicht unerheblichen Einfluss auf Ihre weitere berufliche Laufbahn hat (zum Beispiel über das Arbeitszeugnis oder Beziehungen zu anderen Firmen), sollten Sie hier zu Ihrem eigenen Interesse Ihren Stolz hinunterschlucken und zunächst dafür sorgen, dass sich Ihr Verhältnis zueinander bessert und wenigstens auf ein neutrales Niveau gelangt.

Dies lässt sich relativ einfach erreichen, indem Sie dem Narzissten einfach geben, was er sich von Ihnen wünscht oder zumindest überzeugend so tun als ob. Spielen Sie Einsicht, bitten Sie um ein Gespräch und gestehen Sie die Fehler ein, die Ihnen vorgeworfen werden. Bitten Sie um eine Chance, es in Zukunft besser zu machen, und zeigen Sie sich dankbar, wenn Ihnen diese gewährt wird.

Die zukünftige Zusammenarbeit sollten Sie so gestalten, dass Sie sich dem Narzissten gegenüber so respektvoll, unterwürfig und zuvorkommend zeigen, wie Sie nur können. Wenn Ihnen dies schwerfällt, machen Sie sich bewusst, dass Sie hier eigentlich gerade den Spieß umdrehen. Sie manipulieren jetzt den Narzissten, statt von ihm manipuliert zu werden, und das Beste daran ist, er hat nicht die geringste Ahnung davon! Aus diesem Wissen können Sie eine große Genugtuung ziehen, die Ihnen helfen kann, die Sache so lange durchzuziehen, wie es nötig ist. Übertreiben Sie es aber nicht mit Ihrem Schauspiel, Narzissten sind von Natur aus misstrauisch und im Grunde sogar paranoid.

Während Sie auf der Arbeit nun damit beschäftigt sind, für gutes oder zumindest neutrales Wetter zu sorgen, nutzen Sie Ihre private Zeit, um sich eine neue Stelle zu suchen. Sobald die Stimmung zwischen Ihnen und dem narzisstischen Vorgesetzten neutralisiert ist, können Sie sich gefahrlos aus seinem Einflussbereich hinausbewegen. Da er keine private Verbindung zu Ihnen hat, wird er Sie ohnehin als bedeutungslos einstufen und Sie vergessen, sobald Sie die Firma verlassen haben.

DER AUSWEG AUS PARTNERSCHAFTLICHEN VERBINDUNGEN

Wenn Sie das Pech haben, in eine enge, partnerschaftliche Bindung mit einem Narzissten geraten zu sein, wird Ihr Weg in die Freiheit keineswegs einfach sein. Damit möchte ich Sie natürlich nicht entmutigen, doch würde ich Ihnen keinen Gefallen tun, wenn ich dies nicht gleich zu Beginn klar mache. Es ist gefährlich, Narzissten aus einer solchen Konstellation zu verlassen, denn der Verlust des engsten Vertrauten treibt die meisten Narzissten weit über ihre bisherigen Grenzen hinaus und kann dafür sorgen, dass Sie vor nichts zurückschrecken.

Bedenken Sie bitte, dass die Hemmschwelle des Narzissten in Bezug auf Gewalt ohnehin nur sehr gering ausfällt. Sieht er sich nun damit konfrontiert, das zu verlieren, was er am meisten braucht, kann ihn das dazu bewegen, bis zum Äußersten zu gehen und sogar vor Mord nicht zurückzuschrecken.

In dieser Situation setzen die normalerweise durchaus vorhandene Logik und Vernunft des Narzissten nämlich vollständig aus und die wahre Abhängigkeitsstruktur kommt ans Tageslicht. Aus diesem Grund ist es unerlässlich, dass Sie Ihren Weggang sehr sorgfältig vorbereiten und dabei unbedingt vermeiden, dass Ihr Partner etwas davon bemerkt.

Dies ist der schwierigste und gefährlichste Teil Ihres Weges in ein neues und endlich wieder selbstbestimmtes Leben. Narzissten verfügen, wie bereits erwähnt, über eine äußerst paranoide Ader. Sie beobachten und überwachen Sie deshalb sehr genau und an dieser Stelle wird wieder einmal erkennbar, dass die scheinbare Empathielosigkeit des Narzissten eine Täuschung ist. Der Narzisst verfügt über weitaus sensiblere „Antennen" als die meisten Menschen, er setzt diese nur anders ein. Nicht um sich zu verbinden und echte Nähe herzustellen, sondern ausschließlich, um Wege zu finden, seine Bedürfnisse zu erfüllen und um mögliche Bedrohungen so früh wie möglich zu erkennen.

Deshalb müssen Sie nun die beste schauspielerische Leistung Ihres Lebens erbringen, um Ihren Partner in absoluter Sicherheit zu wiegen. Verhalten Sie sich wie immer und weichen Sie von keiner Routine ab, Sie dürfen auf keinen Fall aufgewühlt, nachdenklich oder zerstreut wirken, während Sie Ihren Weggang, so gut es möglich ist, vorbereiten.

Da Sie ohnehin dauerhaft vom Narzissten überwacht werden, bleiben Ihnen zur Vorbereitung nur sehr wenige Zeitfenster. So könnten Sie zum Beispiel einen oder mehrere Tage auf der Arbeit freinehmen, Ihrem Partner davon aber nichts sagen. Sie verlassen dann wie gewohnt das Haus und machen sich auf den Weg, haben nun aber Zeit, nach Möglichkeiten zu suchen, Ihren Partner zu verlassen.

Bitte machen Sie sich an dieser Stelle auch bewusst, dass ein Verlassen Ihrer Arbeitsstelle ebenfalls unumgänglich ist. Denn sobald Sie tatsächlich gegangen sind, wird der Narzisst nach Ihnen suchen und würden Sie bei Ihrer alten Arbeitsstelle bleiben, würde er irgendwann dort auf Sie warten. Im schlimmsten Fall würde er Sie jedoch nicht direkt konfrontieren, sondern sich versteckt halten, um Ihnen nach Arbeitsende zu Ihrer neuen Behausung zu folgen. Sie müssen aber um jeden Preis vermeiden, dass Ihr Partner irgendwie erfährt, wo Sie in Zukunft leben werden, denn ansonsten werden Sie keine ruhige Minute mehr haben und auch nicht mehr sicher sein.

Sprechen Sie also mit Ihren Vorgesetzten und weihen Sie diese nach Möglichkeit in Ihre Situation ein, damit Sie beim Verlassen Ihrer

Arbeitsstelle keine verbrannte Erde hinterlassen. Es wäre sicher auch von Vorteil, wenn Ihre Vorgesetzten im Vorfeld darüber informiert werden, dass Ihr Partner eines Tages auftauchen und möglicherweise versuchen wird, Ärger zu provozieren.

Außerdem kommt man Ihnen in diesem Falle vielleicht sogar mit der Kündigungsfrist entgegen oder bietet Ihnen weitere Hilfestellung bei der Vorbereitung Ihres „Verschwindens" an. Hilfe kommt in solchen Situationen erfahrungsgemäß meist aus Richtungen, aus denen Sie sie nie erwarten würden, und Sie können in dieser Situation jede Hilfe brauchen. Bitte schrecken Sie nicht davor zurück, sich anderen anzuvertrauen.

Ich weiß, wie schambehaftet sich eine solche Situation anfühlt, jedoch sind ganz sicher nicht Sie die Person, die sich schämen sollte. Sie trifft keine Schuld und Sie haben sich nicht falsch oder unmoralisch verhalten. Jeder Mensch braucht in seinem Leben einmal Hilfe und der eigene Stolz sollte niemals im Wege stehen, wenn es darum geht, sich diese Hilfe zu suchen.

Sollten sie nun tatsächlich über keine eigenen sozialen Kontakte mehr verfügen, ist es der sicherste Weg, Kontakt zu einem Frauen- oder Männerhaus aufzunehmen. Bevor Sie sich nun fragen, was es mit dem Männerhaus auf sich hat, möchte ich kurz etwas zur Geschlechterrolle sagen.

In der überwiegenden Zahl der Fälle narzisstischer Beziehungen ist es zwar so, dass Männer die narzisstischen Täter und Frauen ihre Opfer sind, es existiert jedoch auch die umgekehrte Konstellation, und zwar weitaus häufiger, als man vermuten würde. Frauen sind unter bestimmten Umständen genauso zu Gewalt in der Lage wie das männliche Geschlecht. Was die Fähigkeit zur Manipulation angeht, würde ich sogar behaupten, dass Frauen darin um Welten besser sind als Männer.

Aus diesem Grund existieren seit dem Jahre 2012 auch sogenannte Männerhäuser. Sie sind das Gegenstück zum bekannten Frauenhaus und dienen Männern, die Opfer gewalttätiger Partner geworden sind, als Zufluchtsort. Im Kapitel „Wo finde ich Hilfe?“ finden Sie eine Liste mit geeigneten Beratungsstellen und den Kontaktinformationen zu Männer- und Frauenhäusern.

Bei der Wahl Ihres Zufluchtsorts sollten Sie eines beachten: Er sollte räumlich so weit entfernt von Ihrem narzisstischen Partner sein, wie nur möglich. Dieser wird sonst Mittel und Wege finden, Ihren Aufenthaltsort ausfindig zu machen, und alles daran setzen,

Sie von dort zurückzuholen. Aus diesem Grund rate ich Ihnen davon ab, sich in der gleichen Stadt niederzulassen. Genauso wenig sollten Sie in Erwägung ziehen, zu möglichen Verwandten oder Freunden zu ziehen, die ihnen noch geblieben sind, sofern diese nicht mindestens einige 100 km weit entfernt wohnen. Sie würden sich selbst und diese Menschen sonst einer erheblichen Gefahr aussetzen.

Bitte unterschätzen Sie auf keinen Fall, wozu ein pathologischer Narzisst fähig sein kann, und treffen Sie entsprechende Sicherheitsvorkehrungen für Ihr Verschwinden. Freunden Sie sich außerdem mit dem Gedanken an, dass Sie nicht allzu viel mitnehmen können werden, es sei denn, Ihr Partner verlässt seinerseits regelmäßig das Haus für mehrere Stunden, was Ihnen die Zeit geben würde, die Sie benötigen, um all Ihre Sachen zu packen und wegzubringen, ohne dass er davon etwas mitbekommt.

Ich rate Ihnen an dieser Stelle dringend davon ab, offen zu sein und Ihrem Partner mitzuteilen, dass Sie vorhaben, zu gehen. In diesem Fall wären nur zwei Szenarien möglich. Im ersten Szenario würde der Narzisst sich so bedroht sehen, dass er extrem gewalttätig werden kann und auf diese Art dafür sorgt, dass Sie nicht mehr gehen können.

Im zweiten möglichen Szenario wird er, sobald er versteht, dass es Ihnen ernst ist, in die vulnerable Rolle switchen und Sie werden ihn nicht wiedererkennen. Er wird vollkommen zusammenbrechen, weinen und flehen und Ihnen alles versprechen, was Sie hören wollen. Dabei können Narzissten nicht nur unglaublich überzeugend wirken, sodass man mehr als geneigt ist, ihnen noch eine Chance zu geben. Sie schaffen es auch, Sie bei Ihrem Gewissen zu packen, und machen überdeutlich, dass sie ohne Sie nicht überleben werden. Selbstmordandrohungen sind keine Seltenheit in solchen Szenarien und werden sehr überzeugend hervorgebracht.

Sollte es aus irgendeinem Grund so weit kommen, dass Sie in diese Situation geraten, müssen Sie sich bewusst machen, dass Ihr Partner nur Theater spielt, wenn auch so überzeugend, dass er es für den Moment selbst glaubt. Doch niemals würde ein Narzisst diese Drohung tatsächlich in die Tat umsetzen.

Davon abgesehen ist die Androhung von Selbstmord, mit dem Ziel, einen Menschen an sich zu binden, moralisch so ziemlich das Verwerflichste, was ein Mensch tun kann. In diesem Fall muss Ihre Vernunft Oberhand behalten. Machen Sie sich klar, dass jeder Mensch eine Eigenverantwortung hat und es in keinem Fall Ihre Schuld wäre, wenn er sich tatsächlich das Leben nähme. Da Sie aber sicher vermeiden wollen, in eine solche Situation zu geraten, sollten Sie nach einem geeigneten Zeitpunkt suchen, um unbemerkt zu verschwinden.

Im Notfall genügt es, wenn Sie Ihre Papiere mitnehmen und die Kleider, die Sie am Leib tragen. Mehr brauchen Sie nicht, denn alles andere ist ersetzbar – im Gegensatz zu Ihrem Leben und Ihrer Gesundheit! Auf diese Weise können Sie verschwinden, während Sie vorgeben, zur Arbeit zu gehen, einzukaufen oder einen Arztbesuch zu machen. Wählen Sie am besten eine Aktivität, die möglichst lange dauert, damit Sie genügend Zeit haben, zu verschwinden, bevor Ihr Partner etwas bemerkt und beginnt, nach Ihnen zu suchen. Ich kann mir gut vorstellen, dass Sie beim Lesen dieses Kapitels nichts als Ohnmacht gefühlt haben. Deshalb habe ich mir das Wichtigste, was Sie benötigen, um tatsächlich gehen zu können, bis zum Schluss aufgehoben. Die „technische" Umsetzung Ihres Verschwindens zu planen ist nämlich nur eine Seite der Medaille, dafür benötigen Sie lediglich Ihren Verstand und einen möglichst klaren Kopf.

Doch was ist mit der emotionalen Seite? Hier treffen Sie nämlich auf das eigentliche Problem, das durch die „Erziehung", die Ihr narzisstischer Partner Ihnen angediehen ließ, entstanden ist. Allein beim Gedanken an Trennung wird sich Ihnen vermutlich die Kehle zuschnüren und Sie können fühlen, wie sich Panik in Ihnen breit macht.

Es werden Gedanken aufkommen, die Ihnen sagen, dass Sie für den Rest Ihres Lebens allein sein werden, wenn Sie gehen, dass es doch gar nicht so schlimm ist mit Ihrem Partner und er ja auch ganz anders sein kann. Manchmal ist er ja sogar sehr liebevoll und er hat bisher immer zu Ihnen gehalten, egal, wie viele Fehler Sie gemacht haben.

An dieser Stelle werden sämtliche Glaubenssätze, die Ihr narzisstischer Partner Ihnen eingeimpft hat, aufpoppen. Stellen Sie sich diese wie ein selbstaktivierendes Notfallprogramm vor, das um jeden Preis verhindern soll, dass Sie gehen. Machen Sie sich bitte bewusst, dass Sie vom Narzissten wortwörtlich neu programmiert wurden!

Es handelt sich hier weder um Ihre eigenen Gedanken noch um das, was Sie selbst wirklich glauben, darauf haben Sie nämlich schon lange keinen Zugriff mehr! Genau aus diesem Grund trägt dieses Buch den Titel „Niemand außer mir wird dich je lieben können!" Dies ist der wichtigste und permanenteste Glaubenssatz, den Narzissten ihren Opfern implantieren, und genau dieser Glaubenssatz kann Sie für viele Jahre – oder im schlimmsten Fall ein ganzes Leben – an der Seite des Narzissten festhalten.

Damit Sie überhaupt in die Lage versetzt werden, auch nur darüber nachzudenken, den Narzissten zu verlassen, müssen Sie diesen Glaubenssatz aufbrechen. Sie müssen erkennen – nicht nur rational, sondern vor allem emotional –, was Ihnen die ganze Zeit angetan wurde und dass Sie das nicht verdient haben, und aus dieser Erkenntnis heraus eine neue Emotion entwickeln: Wut! Diese Wut ist das Einzige, was Ihnen helfen kann, sich aus der Beziehung zu Ihrem narzisstischen Partner tatsächlich zu befreien.

Deshalb ist es so wichtig, dass Sie sich im Vorfeld Hilfe suchen, und zwar nicht nur für die Umsetzung Ihres Verschwindens, sondern vor allem benötigen Sie Menschen, denen Sie sich anvertrauen können. Diese Menschen werden es sein, die Ihnen die Augen öffnen für das, was Sie tatsächlich fühlen sollten. Bitte machen Sie sich auch bewusst, dass es Zeit brauchen wird, bevor Sie das nötige Mindset entwickelt haben, um tatsächlich gehen zu können.

Deshalb sollten Sie sich diese Zeit auch nehmen und bevor Sie überhaupt beginnen, ein neues Leben zu planen, sollten Sie zunächst daran arbeiten, wieder Zugang zu Ihren eigenen, tatsächlichen Gedanken und Gefühlen zu bekommen. Wenn es in Ihrem Leben tatsächlich niemanden gibt, dem Sie sich anvertrauen können oder wollen, ist die Lage trotzdem nicht aussichtslos.

Es gibt Hotlines für die Opfer von Gewalt, die genau darauf spezialisiert sind, Menschen wie Ihnen zu helfen. Diese Hilfe bezieht sich nicht nur darauf, Ihnen bei der tatsächlichen Umsetzung Ihres Weggangs Unterstützung zu gewährleisten, sondern vor allem auch darauf, in Ihnen erst einmal ein Bewusstsein dafür zu wecken, dass dieser tatsächlich notwendig ist!

Abschließend möchte ich Ihnen etwas aus eigener Erfahrung mit auf den Weg geben. Der Gedanke, dass Sie den Rest Ihres Lebens allein bleiben werden, ist kompletter Unsinn, egal, wie real und stark er sich anfühlt! Ich empfehle Ihnen zwar eindringlich, sich in der Zeit nach der Trennung erst einmal eine Weile keinen neuen Partner zu suchen. In dieser Phase sind Sie nämlich sehr labil und besonders anfällig, gleich an den nächsten Narzissen zu geraten oder zumindest an Menschen, die Ihnen wieder nicht guttun werden. Es ist wichtig, dass Sie sich erst einmal die Zeit nehmen, Ihre Wunden zu heilen und ein stabiles Selbstbewusstsein aufzubauen. Dies ist immerhin etwas, worüber Sie in Ihrem ganzen bisherigen Leben nicht verfügt haben, und das hat Sie überhaupt erst in diese Lage gebracht.

Es lohnt sich also, eine Weile allein zu bleiben und zu lernen, emotional auf eigenen Füßen zu stehen. Wenn Sie dies jedoch geschafft haben und bereit sind, sich anderen Menschen wieder zu öffnen, können sie sicher sein, dass diese auch in Ihr Leben kommen werden! Sie sind liebenswert und irgendwo da draußen gibt es nicht nur einen Menschen, der dies so empfinden wird, sondern weit mehr, als Sie es sich jetzt vorstellen können.

JEMAND, DEN ICH KENNE, STECKT MÖGLICHERWEISE IN EINER NARZISSTISCHEN BEZIEHUNG – WAS TUN?

Möglicherweise haben Sie dieses Buch nicht gelesen, weil Sie selbst unter einem Narzissten leiden, sondern weil jemand in Ihrem persönlichen Umfeld dies vielleicht tut. Sollte das der Fall sein, möchte ich Ihnen zunächst einmal meine Hochachtung aussprechen, denn erfahrungsgemäß sehen die meisten Menschen lieber weg, wenn Sie eine solche Vermutung haben.

Hinzu kommt die Tatsache, dass dies auch nicht immer so einfach zu erkennen ist, denn sowohl der Narzisst als auch sein Partner geben sich die größte Mühe, zu verbergen, welche Art von Beziehung sie führen. Die

Opfer verbergen dies sogar noch weit sorgfältiger als die Narzissten, weil sie nämlich genau wissen, welche Konsequenzen es für sie hätte, würde jemand hinter ihr Geheimnis kommen. Wenn Ihnen dies paradox erscheint, erinnern Sie sich bitte daran, wie Narzissten auf vermeintliche Bedrohungen reagieren. Stellen Sie sich vor, ein Narzisst würde von einer außenstehenden Person damit konfrontiert werden, dass sein Verhalten seinem Partner gegenüber nicht in Ordnung ist.

Die Reaktion wäre eine übergroße Wut und diese würde sich zunächst voll auf den Partner entladen. Immerhin muss der Außenstehende ja irgendwie auf diese Idee gekommen sein und wer, wenn nicht der Partner selbst, sollte ihn darauf gebracht haben?

Somit haben die Partner von Narzissten immer zu befürchten, dass es erneute Gewaltausbrüche gegen sie selbst zur Folge haben wird, sollte jemand bemerken, wie sie von ihrem Partner behandelt werden. Außerdem reden sie sich ja ein, dass ihr Partner gar nicht so schlimm ist und sie die meiste Zeit gut behandelt. Die wenigen „Ausnahmefälle", in denen er das nicht tut, haben sie schließlich immer selbst verschuldet.

Ja, Sie haben richtig gelesen, die Opfer reden sich das nach einer Weile tatsächlich selbst ein, da der Narzisst ihnen diese Glaubenssätze erfolgreich eingeimpft hat. Somit sind die Handlungsoptionen, die Ihnen als außenstehende Person bleiben, leider sehr beschränkt. Damit will ich nicht sagen, dass es nichts gibt, was Sie tun könnten, sondern Sie lediglich darauf hinweisen, dass Sie sehr umsichtig vorgehen müssen und auf keinen Fall mit der Tür ins Haus fallen dürfen.

Einige Jahre, nachdem ich selbst meinem narzisstischen Partner entkommen war, fand ich mich auch einmal in dieser Situation wieder, weshalb ich Ihnen jetzt ein gutes Beispiel dafür geben kann, wie Sie auf keinen Fall vorgehen sollten. Ich lernte damals in einem Sportverein ein Pärchen in meinem Alter kennen. Die beiden schienen sehr nett zu sein, besonders mit der Frau verstand ich mich gut. Ihren Partner betreffend hatte ich jedoch von Beginn an ein ungutes Gefühl, denn seine Freundlichkeit erschien mir irgendwie nicht echt. An dieser Stelle hatte mein persönliches „Narzissmus-Radar" schon angeschlagen, denn als Mensch, der einmal in einer solchen Beziehung gesteckt hat, entwickelt man einen sechsten Sinn für Narzissten. Ich freundete mich jedenfalls mit den beiden an, wenn auch hauptsächlich mit ihr, und wir unternahmen ein paar Mal etwas zusammen. Eines Tages wollte ich sie abholen, um gemeinsam zum Sport zu fahren, fand sie jedoch allein und draußen, vor dem Haus wartend, vor. Sie war vollkommen außer sich, in Tränen aufgelöst und hatte ein vom Weinen ganz verquollenes Gesicht.

Natürlich fuhren wir nicht zum Sport, sondern ich nahm sie mit nach Hause, wo wir redeten und sie mir schließlich erzählte, was vorgefallen war. Die beiden hatten sich gestritten und irgendwann verlor er die Nerven und schlug zu. Sie erzählte auch, dass dies nicht zum ersten Mal geschehen war und wie er sie ganz allgemein behandelte.

Natürlich erkannte ich sofort, was da los war, und sah mich in meinem Verdacht bestätigt. Also versuchte ich, ihr klarzumachen, dass sie nicht zulassen dürfte, dass er sie weiterhin so behandelt, dass sie gehen sollte, und zwar besser heute als morgen. Irgendwann beruhigte sie sich und fuhr nach Hause, um ihre Sachen zu holen. Sie wollte dann zu ihren Eltern fahren, um erst einmal dort unterzukommen. Mein Angebot, mit ihr zu fahren, damit sie sich ihm nicht allein stellen müsste, lehnte sie ab, da sie der Meinung war, er wäre zu dem Zeitpunkt ohnehin nicht zu Hause.

Am nächsten Tag versuchte ich, sie zu erreichen, um zu erfahren, ob alles gut gegangen und sie sicher bei ihren Eltern angekommen war, doch sie ging nicht ans Telefon. Auch in den nächsten Tagen konnte ich sie nicht erreichen und ich machte mir zunehmend Sorgen.

Schließlich traf ich sie beim wöchentlichen Training im Sportverein, gemeinsam mit ihrem Partner. Sie selbst redete überhaupt nicht mehr mit mir, ein Blick auf ihre demütige Körperhaltung und die auf den Boden gehefteten Augen zeigten mir jedoch sofort, warum sie dies nicht tat. Dafür war er umso gesprächiger. Er griff mich an der Jacke und zog mich ziemlich rücksichtlos nach draußen vor die Tür, wo er mir klar und deutlich zu verstehen gab, dass ich mich besser aus seiner Beziehung heraushalten sollte. Dann drohte er mir Gewalt an, sollte ich noch einmal versuchen, mich seiner Freundin zu nähern. Ich hatte keine Chance mehr, irgendetwas für sie zu tun, doch es kam noch schlimmer.

In den folgenden Tagen erhielt ich regelmäßige Drohanrufe von ihrem Partner, der jedes Mal betrunken war, und dann begann er, sich stundelang vor meiner Wohnung aufzuhalten. Irgendwann fing er sogar damit an, Steine gegen die Fenster zu werfen und zu versuchen, die Haustür einzutreten.

Mir blieb keine Wahl mehr, als Anzeige gegen ihn zu erstatten wegen Stalking, tätlichem Angriff und Bedrohung. Ich erwirkte auf diesem Weg eine einstweilige Verfügung. Damit war ich persönlich außer Gefahr, doch was aus ihr geworden ist, weiß ich bis heute nicht. Das letzte, was ich noch mitbekam, war, dass die beiden nach einigen Monaten in eine andere Stadt umgezogen sind.

Dieses Beispiel zeigt sehr deutlich auf, wie perfekt die neuen Glaubenssätze, die der Narzisst seinem Partner mit Hilfe von Gaslighting implantiert, dazu geeignet sind, den Partner an sich zu binden. Besonders die „Wir beide allein gegen die Welt-Mentalität", von der diese Art Beziehung geprägt wird, sorgt dafür, dass Partner von Narzissten sich hinter diesen stellen, sobald die Beziehung in Gefahr gerät. Doch habe ich Ihnen von dieser Geschichte, wie gesagt, nicht erzählt, um zum Ausdruck zu bringen, dass Sie gar nichts tun können.

Wenn Sie jemanden kennen, der in einer solchen Beziehung steckt, oder dies auch nur vermuten, gibt es immer etwas, was Sie tun können, um zu helfen. Sie dürfen sich nur nicht der Illusion hingeben, Sie könnten diese Person einfach retten. Sie werden eine Menge Geduld benötigen und auch eine gute Portion Mut, denn es braucht eine Menge Zeit, um Menschen dabei zu helfen, sich aus solchen Beziehungen zu lösen. Solange diese Menschen nämlich noch vollständig in die falschen, vom Narzissten implantierten Glaubenssätze verstrickt sind, sind sie gar nicht in der Lage, zu gehen. Hier braucht es erst einmal sehr viel emotionale Unterstützung in Form von Gesprächen und diese sollten so subtil wie möglich sein, um dem narzisstischen Partner nicht den Eindruck einer Bedrohung zu vermitteln.

Wenn die betreffende Person sich Ihnen also tatsächlich einmal anvertraut, gehen Sie nicht wie ich im obigen Beispiel gleich aufs Ganze und raten zu einer sofortigen Trennung.

Vermitteln Sie der Person zunächst einmal nur, dass Sie jederzeit für sie da sind, und schenken Sie Trost, wenn dieser benötigt wird. Sie können ruhig auch klar machen, dass es keinesfalls normal ist, vom Partner so behandelt zu werden, und dass niemand selbst Schuld an einer solchen Behandlung trägt. Aber drängen Sie niemals auf Trennung!

Wenn Sie es schaffen, Vertrauen zu dieser Person aufzubauen, wird diese mit der Zeit von ganz allein häufiger auf Sie zukommen, um zu reden. Opfer von narzisstischen Beziehungen müssen in ihrem eigenen Tempo die Bereitschaft finden, auch nur darüber nachzudenken, sich zu trennen. Wenn es so weit ist, sollten Sie natürlich jede Hilfe anbieten, die Sie geben können.

Da es aber nicht ungefährlich ist, sich in eine solche Beziehung einzumischen, sollten Sie an dieser Stelle auch unbedingt professionelle Hilfe ins Boot holen. Im Kapitel „Wo finde ich Hilfe?“ stelle ich die wichtigsten Beratungs- und Hilfsangebote in einem Überblick vor, natürlich können Sie sich auch an diese Stellen wenden, wenn Sie nicht direkt betroffen sind, sondern ein anderer Mensch, dem Sie helfen möchten.

NACH DER TRENNUNG – DER LANGE WEG DER HEILUNG

Vielleicht haben Sie bisher gedacht, Sie müssten es nur schaffen, sich zu trennen, aus dem Umfeld Ihres narzisstischen Partners zu verschwinden und dann wäre es vorbei. Doch ich kann Ihnen versichern, dass es leider nicht so ist. Je länger Sie in der Beziehung mit einem narzisstischen Partner verweilt haben, desto größer ist auch der Schaden an Ihrer mentalen, emotionalen, psychischen und möglicherweise sogar körperlichen Gesundheit, den diese Beziehung angerichtet hat.

Dieser Schaden wird mit dem Auflösen dieser Beziehung leider nicht einfach verschwinden und es wird ihnen auch nicht helfen, die Tatsache, dass in Ihnen sehr viel zerstört wurde, einfach zu ignorieren oder gar zu leugnen. Im Gegenteil, denn besonders in den ersten Monaten bis Jahren nach der Trennung sind Sie psychisch angeschlagen und labil und damit geradezu prädestiniert, wieder auf einen narzisstischen Menschen zu treffen. Sie werden ein starkes Bedürfnis danach verspüren, wieder jemanden an Ihrer Seite zu haben. Jemanden, der Ihnen hilft, all das, was ihnen widerfahren ist, emotional aufzuarbeiten, jemanden, der Ihnen Verständnis, Nähe und Sicherheit schenkt.

All dies sind absolut normale, menschliche Bedürfnisse in einer solchen Situation, die auch ihre Daseinsberechtigung haben und erfüllt werden sollten, doch sollte dies nicht durch einen neuen Partner geschehen. Nach der Trennung werden Sie mit hoher Wahrscheinlichkeit erst einmal in ein tiefes und sehr dunkles, emotionales Loch fallen.

Die Depression, die Sie überfallen wird, wird so umfassend sein und so viele verschiedene Gefühle mit sich bringen, dass Sie eine ganze Weile brauchen werden, um diese Gefühle überhaupt zu verstehen. Das Gefühl, was Sie vermutlich am wenigsten erwarten, da es vollkommen paradox erscheint, wird dabei am umfassendsten sein: Trauer über den Verlust des Partners! So erging es vor vielen Jahren nicht nur mir, sondern tatsächlich jedem Betroffenen, den ich im Laufe der Zeit danach je kennenlernen durfte. Es ist schwierig, wirklich verstehen zu können, wie es möglich ist, Verlustschmerz gegenüber einem Menschen zu empfinden, den man in Wahrheit schon sehr lange nicht mehr geliebt und der einem so großen Schaden zugefügt hat.

Doch so seltsam oder unnormal, wie es Ihnen vielleicht erscheinen mag, ist es im Grunde gar nicht. Es erscheint Ihnen vor allem deshalb so falsch, weil Sie vor der Trennung nicht nur lange Zeit gelitten haben, sondern auch sehr lange gebraucht haben, das nötige Mindset aufzubauen, um überhaupt gehen zu können. Das bedeutet, Sie haben sich auf die Trennung vorbereitet, indem Sie die absolut gerechtfertigte Wut auf das, was ihnen angetan wurde, in sich kultiviert und genährt haben. Sie haben Wut und Hass zu Ihrem Kraftstoff und Motor gemacht.

Diese haben Sie in die Lage versetzt, sich befreien zu können. Sobald Sie aber frei sind, benötigen Sie diese Gefühle nicht mehr und all die Energie, die sich in Ihnen diesbezüglich aufgebaut hat, verpufft einfach. Was bleibt, ist eine tiefe, allumfassende Leere. Diese Leere bietet den Raum, zu sehen und zu verarbeiten, was noch da ist: Sie haben diesen Menschen irgendwann auch einmal geliebt, und wenn es noch so kurz war! Sie haben eine bestimmte Zeit mit ihm verbracht, möglicherweise sogar viele Jahre.

In dieser Zeit waren Sie ein Team und es gab in diesem Team natürlich auch Nähe und Intimität. Dabei ist es vollkommen unerheblich, ob es sich dabei um eine sehr ungesunde Form von Intimität und Nähe gehandelt hat, dieser Mensch war ein wichtiger und großer Teil Ihres Lebens.

Hinzu kommt, dass Sie diesen Menschen und seine Beweggründe inzwischen auch immer besser verstehen können und vielleicht so etwas wie Mitgefühl entsteht. Es ist wichtig, dass Sie keines der Gefühle, die nach der Trennung hochkommen werden, einfach beiseiteschieben oder sich gar einreden, es gäbe keinen Grund, so etwas zu empfinden. Alles, was Sie jetzt fühlen, ist absolut legitim und vollkommen normal! Sie dürfen um Ihre Beziehung trauern und auch um den Verlust Ihres Partners, egal, wie schlimm diese Zeit für Sie auch war.

Machen Sie sich bitte bewusst, dass diese Gefühle nicht verschwinden werden, wenn Sie sie verdrängen, und erst recht nicht, weil Sie sie für falsch oder unangemessen halten. Suchen Sie sich Hilfe bei der Bewältigung dieser Gefühle, denn je früher Sie sich ihnen stellen, desto eher können Sie mit der eigentlichen Arbeit, die noch vor Ihnen liegt, beginnen.

Im folgenden Kapitel finden Sie die Adresse eines Selbsthilfeforums, in dem Sie völlig anonym über Ihre Gefühle reden können, doch es gibt auch in jeder Stadt Selbsthilfegruppen. Mit der Zeit werden Sie sich auch wieder ein soziales Netzwerk aufbauen und somit Freunde finden, mit denen Sie reden können und sollten.

Sie sollten sich außerdem klar machen, dass Sie mit Ihrem Leben nicht einfach so weiter machen können, als wäre nichts geschehen. Scheuen Sie bitte nicht davor zurück, sich einzugestehen, dass es bei Ihnen schon vor dieser Beziehung große Defizite beim Thema Selbstwert gegeben haben muss, denn sonst wäre es nie soweit gekommen.

Es ist nun an der Zeit, die alten Wunden zu heilen und ein neues Selbstbild aufzubauen. Eine Therapie kann dabei großartige Hilfe leisten, jedoch empfehle ich Ihnen gerade für die Zeit direkt nach der Trennung eine stationäre Therapie. Es gibt in Deutschland einige sehr gute Rehakliniken, die sich auf psychosomatische Erkrankungen spezialisiert haben. Dort gibt es ein sehr breitgefächertes Angebot aus den verschiedensten Therapieformen, das Ihnen helfen kann, sich selbst neu aufzubauen.

In einer solchen Klinik können Sie erst einmal durchatmen, Sie finden sich in einem gesicherten Umfeld wieder und sind umgeben von Menschen, die Ihre Probleme und Gefühle wirklich verstehen können.

Hier können Sie sich auffangen lassen und sich erst einmal grundlegend stabilisieren. Zudem können Sie bereits aus der Klink heraus nach einer Stelle für eine ambulante Langzeittherapie suchen, die Ihnen helfen wird, mit der Zeit all das aufzuarbeiten, was Ihnen geschehen ist. Innerhalb der Therapie können sich dann neue Lebensperspektiven überhaupt erst eröffnen und mit der Zeit werden Sie auch eine nie zuvor gekannte Selbstsicherheit entwickeln. Um eine für Sie passende Klinik zu finden, empfiehlt sich zunächst der Gang zu einem Hausarzt Ihres Vertrauens.

Berichten Sie diesem, in welcher Situation Sie sich befinden und was hinter Ihnen liegt. Ihr Hausarzt wird Ihnen dann helfen, die notwendigen Schritte einzuleiten, um bei der Krankenkasse eine solche Kur zu beantragen, und die kassenärztliche Vereinigung kann Ihnen mit einer Liste über Psychologen und Kliniken weiterhelfen.

Lassen Sie sich übrigens nicht entmutigen, wenn Ihr Antrag auf eine Kur erst einmal abgelehnt wird. Es handelt sich dabei um ein standardisiertes Vorgehen sämtlicher Krankenkassen, Kuranträge werden immer erst einmal abgelehnt. Sobald Sie aber Widerspruch gegen diese Entscheidung einreichen, wird die Kur im Normalfall bewilligt.

Die Kassen versuchen auf diese Art lediglich, Geld zu sparen, denn sie gehen davon aus, dass nur Menschen, die wirklich eine Kur benötigen, sich die Mühe machen, einen Widerspruch zu formulieren. Was Ihnen zusätzlich großartige Hilfestellung leisten kann, ist das Erlernen einer Kampfsportart oder das Belegen von Selbstverteidigungskursen. Hieraus ziehen Sie großen Nutzen, denn Sie lernen, wie Sie sich im Ernstfall effektiv gegen körperliche Gewalt schützen können, was Ihnen jedoch für sich allein schon eine große Portion Sicherheit vermitteln wird.

Sie lernen außerdem auch, wie sie durch entsprechende Körperhaltung, Mimik und Gestik Selbstbewusstsein vermitteln und so auch keine Menschen mehr anziehen, die es nicht wirklich gut mit Ihnen meinen.

Bitte haben Sie Geduld und Nachsicht mit sich, nehmen Sie sich die Zeit, die Sie brauchen, um zu heilen, und erlauben Sie sich jederzeit, um Hilfe zu bitten, wenn Sie nicht weiter wissen. Erfahrungsgemäß dauert es Jahre, über eine solche Beziehung hinweg zu kommen und zumindest den gröbsten Schaden, der dadurch angerichtet wurde, zu beheben.

Dies sagt überhaupt nichts über Ihre Qualität als Mensch aus, auch wenn solche Gedanken mit Sicherheit regelmäßig in Ihnen hochkommen werden. Bisher sind die Menschen in Ihrem Leben nicht besonders gut mit Ihnen umgegangen, Sie selbst jedoch auch nicht. Deshalb sollten Sie den Anfang machen und beginnen, sich selbst all das Mitgefühl und all die Liebe und Geduld zu geben, die Sie brauchen, um zu heilen. Die gute Nachricht lautet, Sie werden heilen und Sie werden auch Gutes aus dieser Erfahrung mitnehmen. Alles im Leben hat seine zwei Seiten, mehr dazu im Schlusswort dieses Buches.

WO FINDE ICH HILFE?

In diesem Kapitel habe ich für Sie eine Liste mit Beratungsstellen, Hotlines und anderen Hilfsangeboten zusammengetragen, die Sie benötigen werden, um aus Ihrer Lebenssituation ausbrechen zu können.

Hilfetelefon „Gewalt gegen Frauen"

Beim Hilfetelefon „Gewalt gegen Frauen" handelt es sich um ein bundesweites Beratungsangebot, das Sie sowohl im Onlinechat als auch per Telefon in Anspruch nehmen können. Es richtet sich an Frauen, die entweder in der Vergangenheit Gewalt erlebt haben oder gegenwärtig unter Gewalt zu leiden haben.

Hier finden Sie verständnisvolle Menschen, die vor allem eines tun: zuhören und Ihre Sorgen ernst nehmen. Diese Menschen sind geschult, Ihnen bestmögliche Unterstützung zu bieten und die Schritte aufzuzeigen, die Sie unternehmen können.

https://www.hilfetelefon.de/

08000 116 016

Das Männerhilfetelefon

Auch für Männer, die Opfer von Gewalt sind, gibt es entsprechende Hilfseinrichtungen. Dies zeigt noch einmal deutlich auf, dass weit mehr Männer von Gewalt betroffen sind, als es den Anschein hat, denn ohne Bedarf würden solche Einrichtungen nicht existieren. Männer, die Opfer von narzisstischen Beziehungstätern sind, stehen unter weit mehr Druck und haben es sehr viel schwerer, aus solchen Beziehungen auszubrechen, als Frauen.

Leider ist es immer noch ein gesellschaftliches Tabu, als Mann zum Opfer von Gewalt zu werden, unabhängig davon, wie häufig dies tatsächlich geschieht. Wenn Sie, lieber Leser, ein Mann sind und in einer narzisstischen Beziehung stecken, schämen Sie sich bitte nicht und scheuen Sie nicht davor zurück, sich Hilfe zu suchen! Sie sind definitiv nicht allein mit Ihrem Problem und je früher Sie um Hilfe bitten, desto früher werden Sie genau dies feststellen! Auch das Männerhilfetelefon steht Ihnen sowohl online, per Chat als auch per Telefon zur Verfügung:

https://www.maennerhilfetelefon.de/

0800 123 99 00

Narzissmus – Selbsthilfeforum

Für die Zeit nach der Trennung oder schon davor. Hier finden Sie Menschen, die wirklich verstehen, was Sie durchmachen, weil Sie es selbst erlebt haben. Möglicherweise ist dies die beste erste Anlaufstelle, um ein Bewusstsein dafür zu entwickeln, dass Ihre Beziehung tatsächlich nicht in Ordnung ist und Sie etwas ändern müssen.

https://www.narzissmus.net/

Frauenhauskoordinierung

Der Verein Frauenhauskoordinierung e. V. bietet auf seiner Internetpräsenz die Möglichkeit, nach Frauenhäusern in Ihrer Umgebung zu suchen. Zudem bietet die Seite auch eine Möglichkeit, nach Fachberatungsstellen in Ihrem Umkreis zu suchen.

https://www.frauenhauskoordinierung.de/

Männerhäuser

Leider gibt es deutschlandweit noch nicht allzu viele Männerhäuser, auch wenn das Ziel besteht, in jedem Bundesland wenigstens eines anzubieten. Hier ist noch viel Arbeit notwendig, vor allem im Bereich, ein Bewusstsein zu schaffen für die Notwendigkeit.

Dennoch gibt es Hilfe für Männer, die Opfer von akuter Gewalt sind, und auch einige Männerhäuser, die zum Teil sogar die Möglichkeit bieten, ein bis zwei Kinder mit unterzubringen, sollte dies notwendig sein. Auf der Seite des Vereins Männer Wohnhilfe e. V., der im niedersächsischen Oldenburg seinen Sitz hat, finden Sie eine bundesweite Beratungsübersicht, die Möglichkeit ein Männerhaus für Sie zu suchen und ein Krisentelefon zur Beratung.

https://www.maennerwohnhilfe.de/

Schlusswort: Jedes Übel birgt auch ein Geschenk in sich!

Nach allem, was ich im Verlauf dieses Buches geschildert habe und was Sie vermutlich selbst erlebet haben, kann ich gut verstehen, wenn Sie bei der Aussage, dass all dieses Leid etwas Gutes in sich verbergen soll, bestenfalls die Augenbrauen hochziehen.

Doch kann ich Ihnen wieder einmal aus eigener Erfahrung versichern, dass es tatsächlich so ist. Zunächst einmal halte ich es für sehr wichtig, dass es Ihnen gelingt, Ihre Erfahrung aus dieser Perspektive zu betrachten, denn nur so wird es möglich, dass Sie aus einer Opfermentalität entkommen und eigene Stärke entwickeln können. Sie müssen lediglich für sich herausfinden, welche Lektionen und welche Geschenke diese Erfahrung für Sie persönlich bereitgehalten hat.

Wenn Sie diese Lebenslektionen dann noch annehmen und meistern können, werden Sie sich nie wieder als Opfer fühlen! Um Ihnen zu helfen, Ihre Perspektive ein wenig in diese Richtung zu verschieben, möchte ich zum Abschluss meine eigene Lebensgeschichte kurz zusammenfassen. Diese ist zugegeben ein Extrembeispiel, doch gerade aus diesem Grund kann sie dabei helfen, das Gute in Ihrer eigenen Geschichte zu entdecken.

Wie ich bereits erwähnte, wurde ich ja schon in eine Familie mit zwei Narzissten hineingeboren und war diesem giftigen Einfluss somit von Geburt an ausgesetzt. Meine Mutter war ein hoch funktionaler Narzisst und litt zudem noch unter anderen, begleitenden Störungen. Sie verfügte über eine unglaubliche, mentale Macht und hatte es niemals nötig, Gewalt anzuwenden, damit die Menschen in Ihrem Umfeld sich so verhielten, wie sie es wünschte. Gewalt wurde von ihr nur indirekt angewendet, indem sie andere Menschen dazu zwang, diese auszuüben. So brachte sie meinen Vater dazu, täglich meine Schwester zu verprügeln, etwas, wozu er von sich aus niemals fähig gewesen wäre. Auch mein Bruder, der die narzisstischen Züge von ihr übernommen hatte und um einiges älter war als ich, wurde von ihr instrumentalisiert. Im Grunde benutzte sie ihr gesamtes soziales Umfeld und besonders die Familie dazu, ihr Machtgefühl aufrechtzuerhalten und zu verstärken und all dies nur, um sich selbst sicher fühlen zu können.

Sie sorgte dafür, dass ich so gut wie keine Freunde fand, indem sie mich regelmäßig vor anderen Kindern bloßstellte. Dies diente dem Zweck, mich in der Abhängigkeit zu ihr zu halten, und meinen Geschwistern erging es dabei nicht anders.

Als mein Bruder begann, mich bereits in meiner frühen Kindheit sexuell zu missbrauchen, entging ihr dies natürlich nicht, es wurde jedoch von ihr geduldet. Auf diese Art hatte sie es geschafft, mich glauben zu lassen, dass absolut jeder Mensch sich an mir bedienen durfte, egal, auf welche Art. Sie machte mich zum reinen Bedürfniserfüller und ihr sonstiges Verhalten mir gegenüber zeigte mir deutlich, dass dies wohl mein einziger Lebenszweck war.

Dementsprechend bildete sich mein Charakter aus, ich entwickelte starke Ängste vor anderen Menschen, lernte, mich so gut wie möglich unsichtbar zu machen und all das, was andere mir antun wollten, einfach über mich ergehen zu lassen. Somit war es kein Wunder, dass ich bereits im Alter von 18 Jahren auf meinen narzisstischen Ex-Lebenspartner traf und dieser mehr als leichtes Spiel mit mir hatte.

Durch meine zerrütteten familiären Verhältnisse und die Tatsache, dass ich dank meiner Mutter ohnehin kaum Freunde hatte, war ich innerhalb weniger Monate vollständig in seiner Hand. Er zeigte dann das gesamte Spektrum unberechenbaren Verhaltens, das ein Narzisst aufbieten kann, und ich lebte von da an nur noch mit eingezogenem Kopf. Das Erziehungsprogramm, das meine Mutter bei mir angelegt hatte, wurde von ihm noch entsprechend ausgebaut und verstärkt. Dennoch habe ich es geschafft, mich aus dieser Beziehung zu befreien, wenn auch erst nach zehn Jahren.

Doch wie war mir das möglich? All diese extremen Behandlungen, die zum Ziel hatten, mich zu 100 % unterwürfig und gefügig zu machen und mir eigentlich jeglichen Selbstwert zu nehmen, wurden irgendwann zu viel und trafen auf einen inneren Widerstand. Nach fünf Jahren in dieser Beziehung war in mir einfach der Punkt erreicht, an dem mein Trotz die Oberhand gewann und ich so nicht mehr weiter machen konnte und wollte.

Hin und wieder hatte ich dann auch das Glück, im Rahmen meiner Arbeit auf Menschen zu treffen, denen ich mich anvertrauen konnte, und ihre Reaktionen auf meine Erzählungen zeigten mir deutlich, dass das, was mir geschah, alles andere als normal zu sein schien, egal, ob ich es so empfand. Ich brauchte zwar meine Zeit, doch es gelang mir, bereits in der Beziehung den Grundstein für ein neues, eigenes Leben zu legen und nach zehn Jahren dann endlich zu gehen.

Damals schwor ich mir eines: mich nie wieder so behandeln zu lassen, doch natürlich kam es anders. Der nächste narzisstische Beziehungskandidat kam einige Jahre später, zu einem Zeitpunkt, an dem ich gerade wieder begann, mich für andere Menschen zu öffnen. Dank meiner Erfahrungen erkannte ich jedoch sehr schnell, was für einen Menschen ich hier wieder angezogen hatte, und konnte mich innerhalb weniger Wochen von ihm lösen. So ziemlich zur gleichen Zeit trat dann die enge Freundin mit narzisstischer Persönlichkeitsstörung in mein Leben und ihr gelang es tatsächlich, mich weitere zehn Jahre zu täuschen.

Dies war noch einmal ein wichtiger Meilenstein für mich, denn die gesamte Freundschaft hindurch gab es unendlich viele Momente, in denen mein inneres Radar ansprang, mich warnte und mir sagte, mit was für einer Art Mensch ich es hier zu tun hatte. Doch ich hörte nicht darauf, denn ich hatte ja gelernt, meiner Wahrnehmung nicht zu vertrauen. In

Alexander Kluge
Anselm Kiefer

»Klugheit ist die Kunst, unter verschiedenen Umständen getreu zu bleiben«

Suhrkamp

Erste Auflage 2024
Originalausgabe

Umschlaggestaltung nach einem Entwurf von Willy Fleckhaus
Satz: Satz-Offizin Hümmer GmbH, Waldbüttelbrunn
Druck: Pustet, Regensburg
Printed in Germany
ISBN 978-3-518-22557-8

www.suhrkamp.de

»Klugheit ist die Kunst,
unter verschiedenen Umständen
getreu zu bleiben«

Vorwort

Anselm Kiefer und ich arbeiten in verschiedenen Metiers und an verschiedenen Orten. Wie in einer »imaginären Werkstatt«: IMMER TANGENTIAL. Mein Metier als Filmemacher, einer jungen Kunst, die gerade einmal 127 Jahre alt ist, und das ältere Metier von Kiefer, das – seit der Höhlenmalerei – auf mehr als 40 000 Jahre zurückblickt, streifen einander an ihrer Außenhaut. Sie berühren sich an der Tangente. Die aber ist sensibel wie eine Haut. Und für Kooperation eine ebenso gute Fläche, wie Herz und Kopf es sind.

A. K.

dieser zehnjährigen Freundschaft stand ich oft wie neben mir, denn einerseits wusste ich immer ganz genau, was sie gerade mit mir macht, auf welche Art ich von ihr manipuliert werde und zu welchem Zweck, doch ich war unfähig, entsprechend zu handeln! Auch in dieser Beziehung benötigte es erst eine Verschlimmerung meines Leidensdrucks bis hin zur Unerträglichkeit, bevor ich endlich in der Lage war, meine Wahrnehmung als richtig anzuerkennen und mich endlich von dieser „Freundin" zu lösen.

An diesem Punkt komme ich nun auch endlich dazu, was mir meine wirklich unerträgliche Vergangenheit an guten Dingen gebracht hat. Zunächst einmal habe ich bereits in frühester Kindheit instinktiv gelernt, meine empathischen Fähigkeiten – genau wie ein Narzisst – zu perfektionieren. Dies half mir dabei, die unvorhersehbaren Stimmungen meiner Mutter, meines Bruders und meines späteren Partners in einem hohen Maße vorauszuahnen, sodass ich eine Menge Misshandlungen im Vorfeld vermeiden konnte.

Diese extrem ausgeprägte Empathie hat sich im Laufe meines Lebens – und auch in der Zeit nach all den narzisstischen Beziehungen – immer weiter ausgeprägt und sorgt heute dafür, dass mir kein Mensch mehr etwas vormachen kann. Ich spüre sofort, wenn ich angelogen werde, und ich weiß, wenn es anderen Menschen schlecht geht, bevor diese selbst dazu in der Lage sind, sich das einzugestehen. Dadurch habe ich heute ein unglaublich stabiles, soziales Netzwerk und pflege Freundschaften, deren Maß an Intimität weit über die Norm hinausgeht.

Gleichzeitig durfte ich durch meine Vergangenheit lernen, meiner Wahrnehmung blind zu vertrauen, gerade, weil diese Wahrnehmung durch Gaslighting immer wieder boykottiert wurde. Denn unabhängig davon, was man mir einreden wollte, wusste ich in dem Moment doch immer, was meine Wahrnehmung mir sagte, und diese Erinnerung blieb mir. Irgendwann, manchmal auch erst Jahre später, hat sich diese dann letztendlich doch bestätigt und das war in jedem einzelnen Fall so. Heute kann es niemand mehr schaffen, mir einzureden, ich würde etwas falsch empfinden oder falsch wahrnehmen und ich ruhe stärker in mir, als ich es ohne all diese Erfahrungen je geschafft hätte.

Auch mein Selbstwertgefühl ging diesen Weg von der völligen Zerstörung über eine lange Phase der Wiederherstellung bis hin zu einem unerschütterlichen Glauben an mich selbst. Alles, was andere Menschen mir genommen hatten, konnte ich am Ende stärker wieder aufbauen und in mein Leben integrieren, als ich es ohne diese Erfahrungen jemals hätte entwickeln können!

Ohne meine sicherlich schwierige und schmerzhafte Vergangenheit wäre ich heute ein vollkommen anderer Mensch. Ich werde nicht leugnen, dass ich bis heute mit den Folgen zu kämpfen habe und dass es immer wieder Phasen gibt, in denen alte Verletzungen und die negativen alten Glaubenssätze, die damit einhergehen, wieder hochkommen.

Doch jedes Mal, wenn das geschieht, bringt es die Chance mit sich, noch ein Stückchen tiefer in mich hineinzublicken, negative Muster aus dieser Zeit, die mir noch schaden, entdecken und auflösen zu können. Mit jeder Krise lerne ich mich selbst ein bisschen besser kennen, ein bisschen mehr lieben und somit auch, mich noch besser zu behandeln. Hätte ich all diese Dinge nicht erlebt, würde ich heute über weit weniger Mitgefühl verfügen, ich wäre nicht in der Lage, so gut wie alle psychologischen Mechanismen, die Menschen ausmachen können, in der Tiefe zu verstehen, und ich wäre mit ziemlicher Sicherheit ein sehr viel oberflächlicherer Mensch. Natürlich könnte ich mich anders entscheiden und die Dinge eher so sehen, dass ich ohne meine Vergangenheit sicher viel glücklicher geworden wäre, doch ist es zum Glück meine Entscheidung, wie ich mein Leben betrachten will.

Das bedeutet für mich echtes Lebensglück: Über die innere Stärke zu verfügen, mit wirklich allem, was mir begegnet, auf eine positive

Weise umgehen und daran wachsen zu können. Das ist es, was ich Ihnen als Leser vor allem mit auf den Weg geben möchte: Den Mut, die Opfermentalität hinter sich zu lassen und stattdessen Ihr Leben und Ihre Eigenverantwortung in die Hand zu nehmen. Es liegt immer in Ihrer Macht, Ihr Leben zum Besseren zu wenden. Andere können Ihnen dabei zwar helfen, Ihnen diese Aufgabe jedoch niemals abnehmen. Nur in sich allein können Sie die Stärke und Gelassenheit finden, sich den Dingen zu stellen, die notwendig sind, um ein besseres Leben zu führen und Ihrem persönlichen Leid zu entkommen.

Dieses Leid ist im Grunde nichts weiter als die Aufforderung des Lebens an Sie, bestimmte Defizite in Ihrer eigenen Persönlichkeit auszugleichen. Bitte betrachten Sie diese Worte jedoch nicht als Angriff, denn ich möchte Ihnen damit sicher nicht vermitteln, dass Sie aufgrund Ihrer Defizite selbst schuld an Ihrer Lage sind. Vielmehr möchte ich ein für alle Mal klarstellen, dass niemand die Schuld trägt. Der Begriff Schuld setzt immer ein Opfer und einen Täter voraus, doch haben wir in diesem Buch ja bereits festgestellt, dass auch Täter nur Opfer sind. Betrachten Sie diese abschließenden Worte deshalb bitte als Aufforderung, aus der Opfer-Täter-Dynamik endlich auszusteigen und stattdessen in Begriffen wie Verantwortung zu denken.

Lernen Sie, zu erkennen, was in Ihrer eigenen Verantwortung liegt, und nehmen Sie diese an, dann können und werden Sie nur noch wachsen. Sicher werden Sie dabei immer wieder durch schmerzhafte Phasen gehen müssen, doch mit seelischem Wachstum ist es nicht anders als mit körperlichem Wachstum: Hin und wieder tut es weh, doch hinterher ist man stärker!

Nehmen Sie alles, was Ihnen in der Beziehung zu einem Narzissten begegnet ist, einfach an und lernen Sie die notwendigen Lektionen daraus, verwandelt sich all der Schmerz tatsächlich in ein Geschenk. Menschen, die solche extremen Erfahrungen gemacht haben, können im

Leben eine Unabhängigkeit und Stärke erreichen, wie sie normalen Menschen vorenthalten bleibt.

Es war mir bereits sehr lange ein Bedürfnis, dieses Geschenk, das ich in meinem persönlichen Leid fand, auf irgendeine Art weitervermitteln zu können. Nur darum ist dieses Buch entstanden. Der Prozess des Schreibens war dabei ein weiterer Heilungsprozess für mich selbst, der mir die Gelegenheit gab, all diese Erfahrungen noch einmal aus einer vollkommen anderen Perspektive betrachten zu können.

Denn durch dieses Buch hatte ich die Gelegenheit, anderen Menschen, die Ähnliches erleben, tatsächlich helfen zu können, auf vielfältige Weise. Ich hoffe, dass mir dies gelungen ist und ich Ihnen nicht nur aufzeigen konnte, dass die Beziehung, die Sie möglicherweise führen, alles andere als normal ist. Ich hoffe, ich konnte Ihnen darüber hinaus auch dabei helfen, die zugrunde liegenden Dynamiken und auch Ihre Eigenanteile besser zu verstehen. Vor allem hoffe ich aber, dass es mir gelungen ist, Ihnen Mut zu machen.

Mut dazu, dass ein besseres Leben genauso möglich ist wie eine gesündere Beziehung, damit Sie den Weg dahin gut bewältigen können, auch wenn er Ihnen manchmal zu lange und zu schwer vorkommt.

Ich wünsche Ihnen für Ihr weiteres Leben zudem all den Mut und die innere Stärke, die Sie benötigen werden, um das Blatt zu wenden. Mögen Sie eigene Wege finden, das, was Ihnen widerfahren ist, zu einem Geschenk zu transformieren und dieses dazu zu nutzen, andere Menschen ebenfalls zu inspirieren und aufzubauen. Entlassen möchte ich Sie nun mit dem sogenannten Gelassenheitsgebet, das Sie vielleicht aus Fernsehserien und Filmen kennen und das sehr gut zu diesem Gesamtkontext passt:

Gott gebe mir die Gelassenheit, Dinge hinzunehmen,
die ich nicht ändern kann,

den Mut, Dinge zu ändern, die ich ändern kann,

und die Weisheit, das eine vom anderen zu unterscheiden.[8]

[8] Gelassenheitsgebet des US-amerikanischen Theologen Reinhold Niebuhr

Quellenverzeichnis

https://www.dimdi.de/static/de/klassifikationen/icd/icd-10-gm/kode-suche/htmlgm2018/block-f60-f69.htm

https://www.icd-code.de/icd/code/F60.-.html

http://www.ipp-bochum.de/n-kop/narzisstische-und-histrionische-persoenlichkeitsstoerungen.pdf

https://flexikon.doccheck.com/de/Narzisstische_Pers%C3%B6nlich-keitsst%C3%B6rung

https://psychowissen.jimdofree.com/pers%C3%B6nlich-keitsst%C3%B6rungen/narzisstische-pers%C3%B6nlich-keitsst%C3%B6rung/

https://www.klaus-grawe-institut.ch/blog/narzisstisch-narzisstischer-am-narzisstischsten/

https://de.wikipedia.org/wiki/M%C3%A4nnerhaus_(Zufluchtsort)

https://de.wikipedia.org/wiki/Gelassenheitsgebet

Wir danken Ihnen für Ihr Interesse und Ihr Vertrauen. Als Dankeschön dafür, haben wir eine besondere Überraschung. Wir haben exklusiv für Sie **„Die ultimative Checkliste, um sich vor narzisstischen Personen zu schützen - inklusive 50 Sprüche, die Narzissten sprachlos machen“**. Und diese erhalten Sie vollkommen kostenlos. Das klingt wunderbar? Dann warten Sie nicht lange und holen Sie sich Ihr Gratis-Geschenk.

Hier geht es zu Ihrem Gratis-Geschenk:

https://forms.gle/TcdqLdSQDK2UiEPF7

1. **Öffnen Sie die Kamera-App auf Ihrem Smartphone und richten Sie die Kamera auf den QR-Code.**
2. **Klicken Sie auf den Link, der Ihnen angezeigt wird und schon werden Sie zur Website weitergeleitet.**

Impressum

Herausgeber: Orbita Media Verlag GmbH & Co. KG / Ericusspitze 4 / 20457 Hamburg
Kontakt: kontakt@empireofbooks.de
Website: https://empireofbooks.de
Coverbild: Shutterstock